城市轨道交通建设项目
后 评 价 导 则

中华人民共和国住房和城乡建设部　发布

中 国 计 划 出 版 社

2015　北　京

图书在版编目（CIP）数据

城市轨道交通建设项目后评价导则/住房和城乡建设部标准定额研究所主编. —北京：中国计划出版社，2015.6
ISBN 978-7-5182-0155-6

Ⅰ.①城… Ⅱ.①住… Ⅲ.①城市铁路—铁路工程—项目评价—中国
Ⅳ.①F532.3

中国版本图书馆CIP数据核字（2015）第111780号

城市轨道交通建设项目后评价导则
中华人民共和国住房和城乡建设部 发布

中国计划出版社出版
网址：www.jhpress.com
地址：北京市西城区木樨地北里甲11号国宏大厦C座3层
邮政编码：100038 电话：（010）63906433（发行部）
新华书店北京发行所发行
三河富华印刷包装有限公司印刷

787mm×1092mm 1/16 3.75印张 78千字
2015年6月第1版 2015年6月第1次印刷
印数 1—3000册

ISBN 978-7-5182-0155-6
定价：24.00元

住房城乡建设部关于批准发布城市轨道交通建设项目后评价导则的通知

建标〔2015〕52号

国务院有关部门，各省、自治区住房城乡建设厅，直辖市、计划单列市建委及有关部门，新疆生产建设兵团建设局：

根据《住房城乡建设部关于下达2012年建设标准编制项目计划的通知》（建标〔2012〕192号）要求，由我部组织编制的《城市轨道交通建设项目后评价导则》，已经有关部门审查，现批准发布，自2015年6月1日起施行。

本导则的管理和具体解释由住房城乡建设部负责。

中华人民共和国住房和城乡建设部

2015年4月14日

编 制 说 明

《城市轨道交通建设项目后评价导则》是根据国家发展改革委和住房城乡建设部下达的任务，由住房和城乡建设部标准定额研究所组织有关单位和专家共同编制的。

在编制过程中，编制组开展了广泛深入的调查研究，收集了大量资料，认真总结城市轨道交通项目建设中存在的问题，在开展专题研究的基础上，结合城市轨道交通项目的特点，以《国家发展改革委关于印发中央政府投资项目后评价管理办法和中央政府投资项目后评价报告编制大纲（试行）的通知》为依据，确定了《城市轨道交通建设项目后评价导则》的内容。征求意见稿完成后，广泛征求了有关部门、单位及专家的意见，多次召开座谈会讨论，最后召开审查会，会同有关部门审查定稿。

《城市轨道交通建设项目后评价导则》由总则、过程评价、效果评价、目标与可持续性评价、后评价结论与建议、后评价的组织管理与实施组成。

在《城市轨道交通建设项目后评价导则》的使用过程中，请各有关部门和单位注意总结经验，积累资料。如发现需要修改和补充之处，请将意见告住房和城乡建设部标准定额研究所（地址：北京市三里河路9号；邮政编码：100835），以便今后修订时参考。

本导则的主编单位、参编单位和编制组成员：

主编单位： 住房和城乡建设部标准定额研究所

参编单位： 中国国际工程咨询公司
北京交通大学
中国地铁工程咨询有限责任公司
广州市地下铁道总公司

编制组成员： 刘春林 史富文 胡传海 苑志杰 郝生跃 李阳
李广元 许双牛 李素芬 穆文奇 王栋 吴滔
何治新 刘咏 林艳 秦咸悦

2015 年 4 月

目　　录

城市轨道交通建设项目
后评价导则

1 总　　则

1.1　为提高城市轨道交通建设项目（以下简称“城市轨道交通项目”）的建设水平，加强和改进城市轨道交通项目的建设管理，规范和指导城市轨道交通项目后评价工作，提高城市轨道交通项目决策的科学化水平，充分发挥投资效益，根据《中央政府投资项目后评价管理办法》的要求，制定本导则。

1.2　本导则所称的“城市轨道交通建设项目”是指采用专用轨道导向运行的城市公共客运交通系统建设项目，包括地铁系统、轻轨系统、单轨系统、磁浮系统、自动导向轨道系统、市域快速轨道、有轨电车等建设项目。

1.3　城市轨道交通项目后评价是在城市轨道交通项目建设完成并投入使用或运营三年后，在对项目全过程回顾和分析的基础上，将项目实际达到的效果和影响与项目决策时确定的各项目标进行对比，找出差距，分析原因，总结经验教训，提出相应对策建议，反馈给相关决策及管理部门，以提高投资决策水平和项目效益的工作。

1.4　本导则适用于政府投资的城市轨道交通建设项目的后评价工作。其他资金来源的城市轨道交通项目，可根据项目具体情况参照本导则执行。

1.5　城市轨道交通项目应结合城市轨道交通项目的公共性、准公益性、服务性、规划符合性、政府指导性、网络关联性及其他特点来开展后评价工作。

1.5.1　公共性。城市轨道交通的服务对象是社会公众，城市轨道交通项目具有较强的社会影响和较高的社会关注度。后评价时应注重其社会公平和环境影响。

1.5.2　准公益性。城市轨道交通设施是为了满足社会的某种需要，是为社会服务的产物，其服务的主要目标是增进社会公众福利，但城市轨道交通项目具有一定的收入来源，并非纯公益性项目。后评价时应注重项目的社会效益。

1.5.3　服务性。项目建设目标是为城市提供基础设施产品和服务，其最终目标为提供公共服务功能。后评价时应重点关注项目的群众满意度目标是否实现。

1.5.4　规划符合性。城市轨道交通项目是在城市总体规划与专项规划的指导下建设的，项目的建设规模既要满足城市近期需要，又要考虑经济社会中长期发展的要求。后评价时应关注与项目效果与可研阶段目标、与各级政府引导性的规划目标的符合性。

1.5.5　政府指导性。城市轨道交通项目主要是政府投资，政府是市政公用事业的责任主体，实行对城市轨道交通公用事业实施行业监管和以政府指导价或政府定价为核心的规制。

1.5.6　网络关联性。城市轨道交通项目具有网络效应、规模经济效益和集合影响，单个项目评价往往不能完整反映项目之间的关联效益和关联成本。应从区域容量或区域规划的角度，对项目群进行综合分析，有利于优化资源配置、降低不利影响、统筹建设时序和明确投资重点。

1.5.7　其他特点。城市轨道交通项目具有运量大、速度快、准时、专业多、规模大、投资高、工期长、涉及面广、安全要求高、管理层多、决策层次高、适于规模化经营的特点。

1.6 城市轨道交通项目后评价应遵循独立、客观、科学、公正的原则；评价过程透明，评价资料真实可信。

1.7 城市轨道交通项目后评价的内容包括过程评价、效果评价、目标与可持续性评价、后评价结论与建议等。

2 过程评价

2.1 城市轨道交通建设项目过程评价是在对评价时点之前的各阶段回顾的基础上，确认整个项目建设过程是否按计划实施，分析项目建设过程中发生的偏离和原因及其对项目的影响，对项目建设过程中的管理水平和工作质量做出评价。

2.2 城市轨道交通建设项目过程评价包括前期决策阶段评价、实施准备阶段评价、建设实施阶段评价、项目运营管理阶段评价。

2.3 前期决策阶段评价是对前期决策阶段各项工作的回顾、总结与评价。

2.3.1 项目前期决策阶段回顾和评价的主要内容包括项目建设规划的编制、评估和批复，项目可行性研究报告、初步设计的编制、评估和批复，以及其他报批手续。

1. 建设规划的编制、评估与批复。回顾项目所属的城市轨道交通建设规划的编制、评估与批复过程，分析与评价建设规划编制内容的深度和质量、审批程序的完整性和合规性。

2. 可行性研究报告、初步设计文件的编制、评估与批复。回顾项目可行性研究报告、初步设计文件的编制、评估与批复过程，分析与评价可研报告、初步设计委托编制过程的合规性、可研报告、初步设计文件及评估报告内容的深度和质量、审批程序的完整性和合规性。

3. 其他报批手续的合规性评价。包括环境影响评价、地质灾害评估、地震安全性评价、土地预审、安全预评价、节能评估、社会稳定风险评估等专题的审批手续及主要评审意见。

2.3.2 项目前期决策阶段的评价要点。

1. 前期决策工作的合规性。对建设规划、可行性研究报告、初步设计的编制及评估工作的合规性评价。

2. 决策结论的合理性。对建设规划、可行性研究报告、初步设计等批复结论的科学性和合理性的评价，批复要点如有变化，需进行合理性分析。若实际建成内容与批复要点存在较大差异，也应进行分析与评价。

3. 报告的质量。对可行性研究报告、初步设计等报告内容的完整性、深度及合理性的评价。

4. 单位资质的符合性。对建设规划、可行性研究报告、初步设计的编制单位和评估单位的资质与相关要求符合性的评价。

5. 资料的完整性。对项目前期决策阶段资料管理工作的评价。

2.4 实施准备阶段评价是对实施准备阶段各项工作的回顾、总结与评价。

2.4.1 项目实施准备阶段回顾和评价的主要内容包括项目招投标、项目勘察、工程设计、资金筹措、开工准备等工作的落实情况。

1. 项目招投标。包括业主招标时所具备的条件，招标方案及其报备手续，招标单位或代理机构的资质，招标程序的合规性和合法性，招标过程监督机制的执行情况，招标效果等。

2. 项目勘察。包括勘察单位的资质审查，委托方式和委托程序的合法性与合规性；对勘察方案、技术标准和任务、场地水文地质条件、工程地质条件、抗震设计条件、地基方案建议等主要内容的勘察结论与设计建议的科学性与合理性。

3. 工程设计的编制、审查及批复。包括项目施工图设计阶段的编制单位与审查单位的资质审查，委托方式和委托程序的合法性与合规性；设计单位的工作效率、设计质量、技术水平和服务水平等。

4. 项目资金筹措。包括融资模式、融资方案的比选、资金来源的构成，资本金所占比率，资本金和其他建设资金的落实情况，以及资金到位情况对工程建设的影响，风险管理与防范等。

5. 项目开工准备。包括项目组织建设、征地拆迁、施工现场与技术准备情况、施工许可、开工报批等。

2.4.2 项目准备阶段的评价要点。

1. 参建单位资质的合规性。对招投标、勘察、工程设计、施工、监理等单位资质合规性的评价。

2. 项目准备工作的完成质量。对招投标、勘察、工程设计、资金筹措等工作内容的完整性、深度及合理性的评价，分析上述工作是否满足项目开工建设的需要，能否保证项目按时、按质、按量完成。

3. 程序的完整性和合规性。对招投标、勘察、工程设计、开工等准备工作手续完整性和合规性的评价。

4. 资料的完整性。对项目准备阶段资料管理工作的评价。

2.5 建设实施阶段评价是对建设实施阶段各项工作的回顾、总结与评价。

2.5.1 项目建设实施阶段回顾和评价的主要内容包括项目组织管理、合同管理、投资控制、质量控制、进度控制、施工监理、工程安全控制、工程变更、建设风险控制、档案管理、系统联调和试运行、竣工验收及移交等。

1. 项目组织管理。包括组织机构的建立及管理职责分工情况。

2. 合同管理。包括项目建设实施过程中各种合同的签订、执行、管理、变更等情况，重在分析合同文本的合规性、合法性、严谨性、完备性，合同变更手续的完整性与变更所产生的影响，合同争议的解决机制及其效果等。

3. 投资控制。包括投资目标、资金到位、投资控制措施、实际完成投资等情况，重点分析资金到位情况、投资控制措施的落实情况和控制效果。

4. 质量控制。包括质量目标、质量管理措施、工程实际质量等情况，重点分析质量管理措施的落实情况和管理效果。

5. 进度控制。包括进度计划、进度控制措施、工程实际工期等情况，重点分析进度控制措施的落实情况和控制效果。

6. 施工监理。包括工程监理的组织建立情况、技术准备情况、履行职责情况等，其中组织建立情况包括组织机构、人员配备等；技术准备情况包括监理大纲和实施细则的编制情况；履行职责情况包括监理措施的落实情况和有效性等。

7. 工程安全控制。包括工程安全管理措施、安全事故报告与处理、安全培训教育管理等情况，重点分析安全管理措施的落实情况和管理效果。

8. 工程变更。包括一般设计变更、重大设计变更和变更设计，重点分析一般设计变更数量和重大设计变更产生的原因，变更设计的原因和合规性。

9. 建设风险控制。包括建设风险管理措施、应急管理等情况，重点分析建设风险管理措施的落实情况和管理效果。

10. 档案管理。包括的档案资料的完整性和规范性，重点分析档案管理措施的落实情况和管理效果。

11. 系统联调和试运行。包括系统联调管理、试运行管理情况，试运行后新发现问题的处理等，重点分析联调管理效果和试运行管理效果。

12. 验收及移交。包括工程质量验收、质量验收的组织与程序管理、工程移交的程序与组织管理、未完工程的管理与完善、专项验收管理、竣工验收管理等情况。

2.5.2 项目建设实施阶段的评价要点。

1. 组织架构的合理性；
2. 合同的执行和管理效果；
3. 投资控制措施与效果；
4. 质量控制措施与效果；
5. 进度控制措施与效果；
6. 施工监理工作效果；
7. 工程安全控制措施与效果；
8. 建设风险控制措施与效果；
9. 档案管理措施与效果；
10. 系统联调和试运行效果；
11. 验收及移交程序的合规性与合理性；
12. 竣工验收提出的问题和尾工处理落实情况。

2.6 项目运营管理阶段评价主要是对影响及效果的评价，包括技术效果、经济效果、运营管理效果、节能效果、环境影响、社会影响等，具体评价内容详见第3章。

3 效果评价

3.1 城市轨道交通项目效果评价是在过程评价的基础上，对项目实施效果做出全面的分析评价，并为项目目标与可持续性评价提供依据。

3.2 城市轨道交通项目效果评价的内容分为技术评价、经济评价、运营管理评价、节能效果评价、环境影响评价、社会评价。

3.3 技术评价是轨道交通建设项目效果评价的直接体现，应从技术目标评价、运营功能评价两方面进行分析评价，全面反映轨道交通建设项目的技术状况。

3.3.1 技术目标评价主要从客流量、服务水平、总图方案、土建工程、设备系统、交通衔接等方面将实际情况与可行性研究阶段所确定的技术目标进行对比，判断各项技术目标的实现程度，分析产生变化的主要原因以及变化后的功能影响，为运营功能评价奠定基础。

1. 客流量目标包括全日客运量、客流负荷强度、高峰小时单向最大断面客流量、平均运距、换乘系数、客流均衡性、跨区 OD 等。

2. 服务水平目标包括运输能力、旅行速度、发车间隔、舒适度、换乘距离等。

3. 总体方案目标包括车辆配置、线路方案（含敷设方式）、车站分布、运营组织、车辆基地、配线设置等。

4. 土建工程目标包括车站建筑、结构工程、轨道工程、防灾与人防工程等。

5. 设备系统目标包括各设备系统的设施配置、国产化率、效能均衡性（设备利用率）等。

6. 交通衔接目标包括轨道交通与其他交通方式衔接换乘的设施配置、设施规模、用地落实等。

3.3.2 运营功能评价应涵盖轨道交通设施所发挥的各项功能，包括衔接功能、集散功能、候车功能、换乘功能、运输功能、附属功能，以及为实现功能所采用的新技术、新材料、新工艺、新设备，主要从乘客使用和运营单位使用两个角度予以评价，客观总结主要经验和存在问题，并简要描述原因。

1. 衔接功能评价对象是将乘客由轨道交通系统外引入系统内全过程的设施功能，评价内容包括步行、自行车、常规公交、出租车、小汽车等对内交通方式的衔接设施以及长途汽车、火车、飞机、轮渡等对外交通方式的衔接设施。

2. 集散功能评价对象是由车站出入口到达站台和由站台到达车站出入口全过程的设施功能，评价内容包括出入口及通道、安全检查、售票、检票、楼（扶）梯、引导信息等设施。

3. 候车功能评价对象是由乘客等待直至进入车辆全过程的设施功能，评价内容包括候车设施配置、候车拥挤程度、候车环境等。

4. 换乘功能评价对象是与其他轨道交通线路之间客流交换全过程的设施功能，评价内容包括换乘通道、楼（扶）梯、换乘标识等设施。

5. 运输功能评价对象是乘客由出发站台到达目的站台全过程的设施功能，评价内容包括车辆以及相关的各类土建、机电设施，围绕运输能力、旅行速度、发车间隔、舒适度、信息化等服务水平进行。

6. 附属功能评价对象是轨道交通系统所承担客运基本功能以外的其他城市服务以及意外事件应急功能，评价内容包括行人过街、信息服务、便民服务、应急处置等设施。

3.3.3 在技术目标评价和运营功能评价的基础上应进行技术评价综述，总结经验、汲取教训，对未来轨道交通建设项目技术方面提出改进建议。

3.4 城市轨道交通项目的经济评价是在过程评价的基础上，分析项目的经济效益是否达到项目所预定的目标，并分析经济效益发生偏离目标的原因，一般包括经济分析和财务分析两部分。

3.4.1 城市轨道交通项目的经济分析。主要从宏观角度考察项目对国民经济的贡献以及需要国民经济付出的代价，评价内容包括费用分析和效果分析两部分，评价指标包括项目的经济内部收益率、经济净现值、经济费用效益比等。

1. 费用分析。主要包括城市轨道交通项目的固定资产投资、流动资金及经营维护费用等费用分析。

2. 效果分析。主要包括固定资产投资余值回收、流动资金回收、节约时间效益、减少疲劳效益、减少交通事故效益等。

3. 评价指标。通过对经济内部收益率、经济净现值、经济费用效益比等指标的测算，对比可行性研究报告中的对应值，总体评价项目经济效益目标的完成情况，同时计算变化率，分析变化产生的原因。

3.4.2 城市轨道交通项目的财务分析。根据国家现行的财税制度和价格体系，从微观角度出发，通过计算项目直接发生的成本费用和财务效益，评价项目的财务状况。在财务分析中，应分析和核实专业的基础数据和参数，编制财务报表，通过对多项财务评价指标的测算，重点分析实际情况与可行性研究报告和概算批复发生差别的原因，评价内容主要包括项目的运营成本费用、财务生存能力、财务盈利能力和项目偿债能力等。

1. 财务分析的专业基础数据和参数。结合城市轨道交通项目的特点，后评价时测算与可研报告中对应的财务数据，选取项目评价时点的客流量、高峰小时断面、平均运距、年耗电量、车辆年走行公里和车辆定员，并选取项目的建设期加运营期为计算周期等，作为项目后评价的基础数据。

2. 财务报表的编制。主要财务数据包括项目的总投资、总运营成本费用、税金、票价收入、运营收入、营业外收入、固定资产折旧及费用摊销以及各项补贴等，同时应配套利润与利润分配表、财务现金流量表、借款还息表等多项报表，对照可研报告中的对应值，分析发生变化的主客观、内外部原因。

3. 运营成本费用分析。通过对项目在运营期间的资源投入和成本支出进行测算，评价项目运营成本控制的有效性，主要包括直接成本、间接成本和期间费用三部分。

（1）直接成本。包括生产人员的工资福利、车辆修理费用、材料及燃料费、电力费用以及其他费用。

（2）间接成本。包括管理人员的工资福利、其他修理费用、材料费、电力费用及其他费用。

（3）期间费用。主要包括项目日常经营期间的营运费用、管理费用、培训费用和财务费用等费用支出。

4. 财务生存能力分析。在后评价中主要通过对项目现金流量表的编制和分析，考察项目财务方面的可持续性，并提出保持项目财务可持续性的建议。

5. 财务盈利能力分析。通过计算财务净现值、财务内部收益率等财务指标，对项目的财务盈利能力进行评价。

6. 项目偿债能力分析。评价时应通过对借款还息表等相关报表的分析，评价项目的还款能力，并提出提高项目清偿能力的建议。

3.5 运营管理评价是对城市轨道交通运营管理的综合评价，主要内容包括行车组织管理、客运组织与服务管理、设施设备运行与维护管理、人员管理、安全管理等。

3.5.1 行车组织管理。包括项目运营期间的列车运行调度、车站行车组织、车辆基地行车组织、列车驾驶等。

1. 列车运行调度。包括对岗位工作职责和技能要求、行车组织规程、行车组织有效性及行车调度指挥能力的评价。

2. 车站行车组织。包括对车站行车组织规程、行车组织协助及调度命令执行情况的评价。

3. 车辆基地行车组织。包括对车辆基地管理制度及调车作业规程的评价。

4. 列车驾驶。包括对列车驾驶员能力及列车正点率的评价。

3.5.2 客运组织与服务管理。包括客运组织管理和客运组织服务等。

1. 客运组织管理。包括对客运组织管理制度、客运服务设施、导向标识、客运组织措施及客运安全管理的评价。

2. 客运组织服务。包括对客运组织服务的制度、客运服务措施、乘客投诉率指标、乘客投诉有效回复率指标及乘客满意度的评价。

3.5.3 设施设备运行与维护管理。包括车辆运用和维护管理、车辆基地与停车场管理、设施设备管理、土建设施管理等。

1. 车辆运用和维护管理。包括对车辆维护规程的完整性、车辆维修档案资料的完整性、车辆检修规程的完成率及运行质量的评价。

2. 车辆基地与停车场管理。包括对车辆基地设置合理性、设备设施配置合理性及设备使用检修管理制度完整性的评价。

3. 设施设备管理。包括对设施设备操作维护规程的完整性、设施设备维修档案资料的完整性、设施设备检修规程的完成率及设备运行质量的评价。

4. 土建设施管理。包括对土建设施使用维护规程的完整性、土建设施维修档案资料的完整性、土建设施检修规程的完成率及运行质量的评价。

3.5.4 人员管理。包括对列车驾驶员、调度员、行车值班员、车站服务人员、其他人员等的管理。

1. 列车驾驶员。包括对列车驾驶员培训行车设施设备、行车组织规程等的评价。

2. 调度员。包括对调度员处理运营中各类事件的相关记录、各类调度员接受岗位培训内容的评价。

3. 行车值班员。包括对行车值班员接受车站行车管理、客运、票务、施工、车站设施设备操作以及应急处置等培训内容的评价。

4. 车站客运服务人员。包括对车站客运服务人员接受客运服务、票务处理、紧急求助、车站紧急设备操作以及应急处置等培训内容的评价。

5. 其他人员。包括对其他人员上岗与培训要求的评价。

3.5.5 安全管理。包括安全管理制度、安全隐患管理、安全教育、安全检查、应急管理、安全经费使用等。

1. 安全管理制度应从安全制度的建立、执行、修订完善等方面进行评价。

2. 安全隐患管理措施应从对安全隐患的管理，包括制度建立与执行、台账管理、跟踪检查、整治控制等方面进行评价。

3. 安全教育与培训制度应从安全教育和培训制度的建立、安全教育和培训的开展、安全教育培训的考核以及安全培训档案建立等方面进行评价。

4. 安全检查制度应从安全检查制度的制定、安全经费的落实、安全检查工作的开展、发现问题的跟踪整改，以及相关的考核情况进行评价。

5. 应急管理制度与应急预案应从应急管理制度的制定、应急组织架构的建立、应急预案的编制、应急演练的实施，以及有关架构规章的完善等方面进行评价。

6. 安全经费使用应从安全经费落实、使用管理、实现的效果，以及对项目建设运行发挥的作用评价。

3.6 节能效果评价是对城市轨道交通建设项目节能降耗水平的综合评价，主要内容包括节能措施、能源消耗及能效水平评价。

3.6.1 节能措施评价包括节能技术措施和节能管理措施评价两部分内容。

1. 节能技术措施。包括对车辆、运营组织、线路、建筑设施、信号、供配电和照明、通风空调、给排水及消防、电扶梯、屏蔽门、环境与设备监控系统等专业节能技术措施落实效果的评价。

2. 节能管理措施。包括对节能管理机构及人员、节能考核制度及节能检测设备配备等措施落实的评价。

3.6.2 能源消耗及能效水平评价包括项目能效水平、项目对所在地能源消费增量的影响、项目对所在地完成节能目标的影响、主要能耗设备、其他附属生产设施能耗指标和能效水平。

1. 项目能效水平评价。包括线路年度综合用电量、车站电耗、单位客运周转量牵引电耗、单位运营公里牵引电耗、单位客运周转量综合电耗等。

2. 项目对所在地能源消费增量及节能目标的影响评价。包括项目能源消费对城市交通能源消费的影响、项目万元产值能耗、工业增加值能耗等。

3. 主要用能设备。包括对车辆、通风空调、电扶梯、供电和照明等主要用能设备的能效指标及能效水平是否满足相关设备系统能效指标水平要求。

4. 其他附属生产设施能耗指标和能效水平。包括对通信、信号、屏蔽门、自动售检票、给排水与消防、车辆段、控制中心等附属生产设施能耗指标和能效水平的评价。

3.7 环境影响评价是对城市轨道交通建设项目环境影响状况的综合评价，主要包括环保措施落实评价、环境影响效果评价两个方面。

3.7.1 环保措施落实评价应全面梳理轨道交通建设项目各个阶段与环境保护相关的各项工作，明确环境保护预期目标；在此基础上总结工程措施和资金到位等落实情况，并简要说明环保措施落实后的环境影响效果。

环保措施落实评价应结合建设项目的具体特点、以环评批复和环保验收的相关文件为依据，评价内容主要包括噪声防治措施、减振措施、大气污染治理措施、污水处理措施等。

3.7.2 环境影响效果评价应在后评价时点结合各类环境敏感因素进行综合分析评价，主要包括对自然环境、生态环境、社会环境、景观环境的影响，客观总结主要经验和存在问题，并简要描述原因。

1. 自然环境影响因素包括噪声、振动、电磁辐射、废水、废气、固体废弃物等。
2. 生态环境影响因素包括水土保持、水源保护等。
3. 社会环境影响因素包括文物保护、风景名胜保护等。
4. 景观环境影响因素包括地域特色、景观协调等。

3.8 城市轨道交通项目的社会评价是对项目的社会可行性、适应性以及社会风险规避工作的评价过程，评价时应识别确定项目的利益相关者，分析项目的社会互适性，主要评价内容包括社会效益评价、社会影响评价、社会互适性评价和社会稳定风险评价。

3.8.1 社会效益评价指城市轨道交通项目作为一种特殊形式的交通工具而直接体现出的交通出行服务效果，包括项目对沿线客运交通供需压力的缓解程度、对出行结构的优化程度、对居民出行效率的改善程度、对网络运营效果的促进作用、对沿线城市社会经济发展的促进作用和对城市环境保护成效的促进作用等。

1. 对沿线客运交通供需压力的缓解程度。主要调查项目为居民节约出行时间所做的贡献，调查研究项目对沿线既有公交车等客运交通的分流作用，并定性分析项目对沿线客运交通供需压力的缓解程度。

2. 对出行结构的优化程度。通过调查沿线居民和乘客对地铁项目的偏好程度以及偏好人数，反映项目对出行结构的优化程度。

3. 对居民出行效率的改善程度。通过对居民和乘客的满意度调查以及项目准点率和节约时间效益的调查，分析项目对居民出行效率的改善程度。

4. 对网络运营效果的促进作用。主要通过对项目开通后对全网客流的分流作用和对全网客流增加的贡献等客流数据，评价项目对网络运营效果的促进作用。

5. 对沿线城市社会经济发展的促进作用。应通过有无对比的方法，评价项目对沿线商业发展水平的提高作用、对沿线地价、房价的升值作用和对沿线土地综合开发的提升效益，同时评价项目对沿线经济和城市空间布局的优化程度。

6. 对城市环境保护成效的促进作用。通过横向对比的方法，对沿线氮氧化物、二氧化碳排放量等指标进行测算和比较，评价项目对城市环保成效的促进作用。

3.8.2 社会影响主要指城市轨道交通项目所带来的居民生活水平、收入、就业、物质财富变化等经济层面的影响以及社会环境和条件、风俗习惯、宗教等社会层面的影响。

1. 应关注项目对所在地区不同利益相关者的影响，全面考虑居民、非自愿移民、弱势群体、沿线商铺和区域等多个利益相关群体因项目的建设而经济受益或受损的影响。

（1）项目对居民生活水平的影响，主要调查项目的建设对当地居民收入、消费水平、消费结构和居民就业机会的正面影响和负面影响。

（2）项目对弱势群体利益的影响，主要分析项目所在地区贫困人口、低收入群体、残疾人等弱势群体生活成本增加和公共基础设施条件变化等正面影响和负面影响。

(3) 项目对非自愿移民的影响，主要评价项目的征地拆迁工作对居民生产生活的影响程度、补偿的合理性以及该类群体的生活水平在项目实施后是否有所提高。

(4) 项目对商铺、企事业单位的影响，主要评价项目的征地拆迁和围挡等工作对该群体生产经营的影响程度、补偿的合理性以及其他优惠政策。

(5) 项目对公交系统的影响，主要评价对公交系统补贴措施的合理性。

2. 社会层面的分析应进行包括社会环境与条件、社会服务、少数民族风俗习惯和宗教以及公共安全的影响。

(1) 项目对社会环境与条件的影响，主要分析项目对所在地区文化、教育、卫生的影响，分析项目建设和运营期间可能引起的文化教育水平、卫生健康指标的变化以及当地人文环境的影响。

(2) 项目对社会服务的影响，主要考察项目建设运营期间对基础设施的占用及产生的影响，包括对道路、桥梁、供水、供电、供气等社会服务容量所产生的影响。

(3) 项目对所在地区少数民族风俗习惯和宗教的影响，应分析项目的建设和运营是否符合国家的民族和宗教政策，当项目土地征收涉及宗教设施、宗教祠堂、墓地和少数民族传统生活设施时所采用的协商、避险措施是否得当，是否引发了民族矛盾、宗教纠纷，影响当地社会安定。

(4) 项目对公共安全的影响，应通过对比项目前后安全检查物品、人员和检出违禁品等相关数据，同时对比项目建设前后，沿线的出行冲突和社会矛盾等相关数据，评价项目采取的保障项目、城市安全，缓解出行冲突和矛盾的措施是否得当，从而评价项目对城市公共安全的影响。

3.8.3 社会互适性分析应当分析当地的社会环境、人文条件以及当地政府、社会组织和居民对项目存在与发展的接纳、支持程度，考察项目与当地社会环境的相互适应关系。

1. 项目与城市相关发展规划的适应性，评价城市轨道交通项目与城市总体规划、土地利用规划、城市交通规划、轨道交通专项规划、市政基础设施规划、城市防灾规划以及风景名胜、文物古迹保护等规划的综合协调性。

2. 项目与当地社会组织特别是政府部门的互适性，评价当地社会组织在提供交通、电力、通信、供水等基础设施条件和医疗、教育等社会福利以及生活条件等后勤保障方面是否提供有力的社会支撑。

3. 项目与当地利益相关群体的互适性，应分析与城市轨道交通项目直接相关的不同利益相关者对项目建设和运营的态度及参与程度，分析当地群众对项目的态度以及群众对项目的参与程度，对可能阻碍项目存在与发展的因素所采取的防范措施进行评价。

4. 项目与当地技术、文化条件的相互适应性，评价项目各参建、参与单位的科研设计能力，同时评价项目所在地区居民教育水平能否适应城市轨道交通项目要求的社会环境条件，能否保证实现项目的既定目标。

3.8.4 社会稳定风险评价。城市轨道交通项目的社会稳定风险应主要对城市轨道交通项目建设和运营各阶段中，可能涉及的风险做出识别和评估，具体应包括合法性风险、合理性风险、可行性风险和可控性风险的识别和分析。

1. 合法性风险主要分析项目前期决策程序的合法性、合规性和合理性，并评价项目的建设是否符合所在地各项总体发展规划的要求，主要包括法律风险和政策风险。

（1）法律风险主要分析项目的决策程序是否符合有关法律、法规以及相关政策的规定，是否严格按照国家相关法规进行项目的审查和审批；决策内容是否经过严谨、科学的研究论证。

（2）政策风险主要分析项目是否符合国家发展政策和规划，是否符合科技发展规划、城市土地利用总体规划等地方国民经济和社会发展各项总体规划以及产业政策等。

2. 合理性风险分析主要评价项目在建设和运营期间是否影响了周边的环境，是否影响了周边企业、商户以及居民等利益相关者对公共设施资源的使用。包括项目建设和运营期间的环境影响风险分析和公共设施风险分析。

（1）环境影响风险，主要包括了项目对生态环境的影响、地质灾害风险和项目建设、运营期间的噪声和振动影响等，评价时应重点分析项目采取的环境保护措施。

（2）公共设施风险，主要指因项目施工和运营，导致占用当地较多的交通、电力、供热和供气等公共设施而引起与利益相关者间的资源相争问题，评价时应重点分析项目中采取的对利益相关者的安抚、补贴措施是否得当。

3. 可行性风险分析主要评价项目建设期间采取的各种措施是否造成了潜在的风险后果，包括项目建设期间的建设方案风险分析和资金风险分析。

（1）建设方案风险，主要包括规划选址的风险、施工过程中的交通拥堵风险、施工安全风险、技术经济方案引发的风险等，应针对项目在建设过程中所采取的有效、亮点措施进行评价。

（2）资金风险，主要是项目的融资风险，应重点对轨道交通项目所在政府投入的可靠性、借款来源的稳定性、工程顺利建成投产的可靠性以及客流稳定性等方面进行评价，以反映资金风险控制情况。

4. 可控性风险分析主要针对项目在建设和运营期间是否存在安全隐患，是否对当地的治安情况产生了影响，是否会引发社会负面舆论和行为以及其他影响社会稳定的问题，主要包括运营安全风险和社会和谐稳定风险等。

（1）运营安全风险，主要对运营安全管理规章制度的健全程度、安全设备设施的齐全程度、安全隐患排查措施的合理性等方面进行评价。

（2）社会和谐稳定风险，主要指城市轨道交通项目建设期间的征地拆迁等工作对居民生活的影响以及项目运营期间的社会不良风气的滋生等，评价时应重点分析受损目标群体的补偿措施、征收补偿安置措施的合理性、对民族矛盾和宗教问题的协调措施以及对无照经营、黑车揽底和站内乞讨等负面社会影响的控制措施等。

4 目标与可持续性评价

4.1 城市轨道交通项目目标评价，是在对项目全过程回顾和总结的基础上，根据项目最终达到的实际效果，对照项目决策时确定的目标进行评价。城市轨道交通项目目标评价包括项目目标的适宜性评价和实现程度评价。

4.1.1 城市轨道交通项目目标的适宜性评价，包括对项目目标是否符合社会经济发展目标、城市总体规划、城市轨道交通规划的要求，项目目标是否符合项目上报审批时点的政策规定，目标的确定是否合理、准确，项目建设的必要性是否充分等进行评价。

4.1.2 城市轨道交通项目目标的实现程度评价，包括对直接目标、影响目标等方面进行评价。

1. 项目直接目标评价包括对项目功能目标、建设规模、工程质量、建设标准、工程投资、技术水平、配套设施等是否达到决策目标进行评价。

2. 项目影响目标评价包括对项目实现的经济影响、社会影响、环境影响是否达到决策目标进行评价。

4.2 城市轨道交通项目可持续性评价，是在当前经济社会环境下，根据项目现有的信息和资料，结合城市轨道交通的发展趋势，对城市轨道交通项目在后评价时点之后的可持续发展能力进行预测评价。城市轨道交通项日可持续性评价主要包括对影响项目可持续运行的内部因素和外部条件两方面进行分析评价。

4.2.1 内部因素。包括对城市轨道交通技术水平、财务状况、组织人员、运营管理等进行分析和评价。

1. 技术水平分析。包括对城市轨道交通的设备质量和性能的分析评价。

2. 财务状况分析。包括对项目财务平衡、运营资金筹措的分析评价。

3. 组织人员分析。包括对项目管理机构和人员配备的分析评价。

4. 运营管理分析。包括对项目运营过程中维修养护、管理措施和监督检查的分析评价。

4.2.2 外部条件。包括对规划、政策、服务功能、资源环境、社会需求及社会风险等方面进行分析和评价。

1. 规划分析。包括对项目所在地的城市整体发展规划、交通发展规划以及其他相关专业规划对项目影响的分析评价。

2. 政策分析。包括对项目运营政策规范性、长期性和实施情况的分析评价。

3. 服务功能分析。包括对交通需求、满意度水平、定价机制等方面的分析评价。

4. 资源环境分析。包括对项目所在地的自然资源和生态环境的分析评价。

5. 社会需求及社会风险分析。包括对项目当地群众的参与程度、满意度及社会稳定风险的分析评价。

5 后评价结论与建议

5.1 城市轨道交通项目后评价结论包括评价结果和经验教训。

5.1.1 评价结果。评价结果是在过程评价、效果评价、目标评价及可持续性评价的基础上，对项目进行综合评价，并得出主要的、客观的评价结论。

5.1.2 经验教训。经验教训是在对项目前期决策、实施准备、建设实施和运营管理过程中的成功做法及存在的主要问题进行原因分析和评价的基础上，总结项目的成功经验和失败教训，并提出有借鉴意义的意见。

5.2 对策建议是在给出评价结论的基础上，从完善已建项目、指导拟建项目的目的出发，提出可操作和具有指导意义的意见和建议。对策建议宜从项目、建设单位、行业、政府等几个层面提出。

5.2.1 对项目的对策建议。以改善项目运营管理、发挥投资效益为目的，对城市轨道交通项目运营管理、服务功能、技术水平、设备功能及维护管理等方面存在的主要问题提出对策和建议。

5.2.2 对建设单位的对策建议。以改善企业经营、提高收益为目的，对承建企业参与城市轨道交通建设的模式、优化融资结构、降低融资成本、缩短资金回收周期等方面提出建议。

5.2.3 对轨道交通建设行业的对策建议。以提高群众出行满意度为目的，对城市轨道交通整体布局、线网规划优化、产业链协同整合、行业发展政策等方面提出建议。

5.2.4 对政府的对策建议。以加强城市轨道交通的建设、管理为目的，对规划编制及调整、项目建设模式、引导和激励机制、投融资方向、参建企业准入机制、工程质量保障机制、监督机制等方面提出建议。

6 后评价的组织管理与实施

6.1 政府主管部门负责城市轨道交通项目后评价的组织管理工作，并由其委托具备相应咨询资质的工程咨询机构承担城市轨道交通项目后评价任务。

6.2 城市轨道交通项目后评价组织管理工作的主要内容包括编制后评价工作计划、确定后评价项目、下达后评价任务、选择工程咨询机构并委托后评价任务、组织后评价成果验收。

6.2.1 编制后评价工作计划。研究制定城市轨道交通项目后评价工作计划，包括明确后评价的目的和要求、选择后评价项目的范围、项目的数量、完成时间以及成果验收方式等。

6.2.2 确定后评价项目。根据后评价工作计划确定后评价项目，并制定出具体的后评价实施方案和进度、费用要求。

6.2.3 下达后评价任务。将项目后评价工作计划下达有关项目主管单位或项目单位；项目单位应在规定时间内，向城市轨道交通主管部门报送项目自我总结评价报告。

6.2.4 选择工程咨询机构并委托后评价任务。项目单位完成自我总结评价报告后，城市轨道交通主管部门根据后评价工作计划，采取公开招标或直接委托的方式，选择具备相应咨询资质的工程咨询机构承担后评价工作，并向选定的工程咨询机构发出委托书，双方签订委托合同。

6.2.5 组织后评价成果验收。制定后评价成果的验收方式、验收标准，对成果进行验收。

6.3 项目单位的工作主要包括编写自我总结评价报告，与承担后评价任务的工程咨询机构商定实地调研计划，协助和配合工程咨询机构开展实地调研等工作。

6.3.1 编写自我总结评价报告。收到城市轨道交通主管部门下发的后评价工作计划后，按要求在规定时间内完成自我总结评价报告的编写，并提交城市轨道交通主管部门。

6.3.2 与承担后评价任务的工程咨询机构商定现场调研计划。城市轨道交通主管部门选定承担后评价任务的工程咨询机构后，项目单位与工程咨询机构共同商定现场调研计划。

6.3.3 协助和配合工程咨询机构开展实地调研工作。在工程咨询机构进行项目现场调研期间，安排调研、座谈、入户访谈、收集资料等工作。

6.4 承担后评价任务的工程咨询机构，其主要工作包括组建后评价工作组、制定工作大纲，编制调研方案、组建专家组，开展现场调研，撰写后评价报告。

6.4.1 组建后评价工作组，制订工作大纲。工程咨询机构根据委托任务书，明确项目经理，并组建项目后评价工作组，同时根据项目特点和具体评价要求，制定工作大纲。

6.4.2 编制调研方案、组建专家组。后评价工作组根据项目的具体情况和特点，编制项目调研方案，聘请相关专家，组建专家组。

6.4.3 开展实地调研。包括收集资料、现场调研座谈及走访、问卷调查等工作。

6.4.4 撰写后评价报告，完成后提交相关主管部门。

6.5 项目单位或承担后评价任务的工程咨询机构应将后评价成果反馈给项目委托单位。

城市轨道交通建设项目
后评价导则

条 文 说 明

1 总　　则

1.1 编制目的

城市轨道交通建设是城市发展的必要条件，也是城市化过程中的主要瓶颈之一。城市轨道交通项目相对其他市政项目更加复杂，涉及面广，专业多，需认真梳理城市轨道交通建设项目特点，总结城市轨道交通建设中的经验和教训，从城市功能目标出发，体现相应的高度、深度和广度，形成系统完整的后评价方法及指标体系，使得城市轨道交通项目全过程管理形成闭环，提高城市轨道交通建设项目决策的科学化水平。

按照《国家发展改革委关于印发中央政府投资项目后评价管理办法和中央政府投资项目后评价报告编制大纲（试行）的通知》（发改投资〔2014〕2129 号）文件的规定：各行业主管部门和各级地方政府投资主管部门可参照本办法，制定本部门、本地区的政府投资项目后评价实施办法和细则。本导则是参照此文件针对城市轨道交通项目编制的评价导则。本导则的编制参考了《中央企业固定资产投资项目后评价工作指南》（国资发规划〔2005〕92 号）。

1.2 “城市轨道交通建设项目”定义

《城市轨道交通运营管理规范》（GB/T 30012—2013）中规定，城市轨道交通包括地铁系统、轻轨系统、单轨系统、磁浮系统、自动导向轨道系统、市域快速轨道、有轨电车等。

1.3 项目后评价概念

根据项目后评价的概念、作用和我国的实际情况，城市轨道交通项目后评价一般选择在项目投入运营三年后（含试运营）进行。此时城市轨道交通项目已经通过竣工验收，客流基本稳定，经营活动基本上步入正轨，初步取得了经济效益和社会效益，同时积累了各项后评价指标所需要的数据资料，基本具备了后评价的条件。

1.4 适用范围

政府投资项目是指使用财政预算投资资金（含国债资金）、国际金融组织和外国政府贷款等主权外债资金、纳入预算管理的专项建设资金，以及法律法规规定的其他政府性资金进行投资建设的项目，包括采用直接投资、资本金注入、投资补助、贴息等投资方式参与项目建设的项目。

1.5 项目特点

1.5.5 政府指导价是指依照《中华人民共和国价格法》规定，由政府价格主管部门或者其他有关部门，按照定价权限和范围规定基准价及其浮动幅度，指导经营者制定的价格。是由县级以上各级人民政府物价部门，业务主管部门按照国家规定权限，通过规定基准价和浮动幅度，最高限价和最低保护价等，指导企业制定的商品价格和收费标准。

政府定价是指依照《中华人民共和国价格法》规定，由政府价格主管部门或者其他有关部门，按照定价权限和范围制定的价格。政府定价目录随着市场经济的日益发展及时进行调整。目前我国政府定价目录分为中央定价目录、地方定价目录两级。凡是列入定价目录的商品和服务项目，其价格的制定和调整均由目录中规定的政府部门统一负责。凡未列入定价目录的商品和服务项目，由经营者自主定价。

1.5.6 网络系统与单条线路应区别对待。城市轨道交通网络系统是由多条线路组成的。在对城市轨道交通项目进行后评价时，应当明确指出是对城市轨道交通网络还是对某一条线路进行后评价。这是因为城市轨道交通存在规模效益，整个网络系统的效益绝不是各条线路效益的简单相加，两者在后评价的内容和指标方面均有不同。

1.5.7 城市轨道交通的一个显著的特征就是运量大。城市轨道交通的另一个显著特征是速度快，地铁和轻轨比公交车速度快，并且准时。与其他公共交通相比，城市轨道交通更准时、快速、安全、舒适、污染小。造价高，资金需求量大。

建设周期长，投资回收期长。相对于其他交通设施，城市轨道交通的建设周期很长，尤其是地铁，目前我国一条地铁线的平均建设时间为5~6年。建设周期长将会使得资金利息积累多，资金成本增加。对于轨道交通项目，还本付息问题是融资方案中需要考虑的重要因素之一。

1.6 原则与要求

1. 独立性。独立性是指后评价过程中不受项目决策者、管理者、执行者和前评估人员的影响。参加项目前期工作和建设实施工作的单位不能承担本项目后评价任务。

2. 客观性。城市轨道交通项目后评价过程需要客观公正、全面系统，防止主观片面。评价过程透明度越大越好，因为透明度越大，了解和关注后评价的人也就越多，这样便于更多的单位和个人能在自身的工作中借鉴过去的经验教训。

3. 科学性。评价所用资料要真实可信，评价方法要科学，评价口径要一致。市政项目后评价需要定性分析和定量分析相结合，定量分析是对建设项目影响效果中能直接或间接量化的部分进行定量计算和分析；定性分析则是对不能量化的部分进行的分析和评价。

4. 公正性。公正性可以保证后评价的正确、可靠，可以保证参与评价工作者的信誉，避免做出不客观的评价结论。

1.7 评价内容

评价设置了四个方面的内容：过程评价、效果评价、目标与可持续性评价、后评价结论与建议，内容设置和顺序安排参考了《中央政府投资项目后评价管理办法》（试行）及《中央企业固定资产投资项目后评价工作指南》的有关规定。

2 过 程 评 价

2.1 过程评价的作用和目的

城市轨道交通项目过程评价，是项目后评价的重要基础。只有在此基础上，才能实现对项目效果、目标和可持续性，以及综合评判的客观、科学的分析与评价。

城市轨道交通项目过程评价的目的是：回顾和总结项目立项、建设、管理的全过程，包括组织机构建立、前期准备、招标采购、项目建设管理、运营管理等，为项目效果评价、目标与可持续性评价提供基础和保证；通过对项目实施全过程的回顾与总结，找出项目实施过程中发生的变化、变化的原因和存在的主要问题，总结出项目实施的主要经验和教训，并针对项目决策、建设实施到运营管理各阶段的问题，提出相应的对策建议；同时通过经验教训的反馈，为主管部门调整和完善投资政策、发展规划、提高决策水平和投资管理水平提供依据，为在建项目和待建项目的建设实施提供可借鉴的宝贵经验。

2.2 城市轨道交通建设项目属于政府投资的基建项目，分为项目前期决策、实施准备、建设实施和运营管理四个阶段。

2.3 前期决策阶段

根据《国务院关于投资体制改革的决定》（国发〔2004〕20 号文）和《国家发展改革委核报国务院核准或审批的固定资产投资项目目录》（发改投资〔2004〕1927 号文）规定，政府投资项目实行审批制。根据资金来源、项目性质和调控需要，政府投资可采取直接投资、资本金注入、投资补助、转贷、贴息等方式。采用直接投资、资本金注入方式的投资项目，应当审批项目建议书、可行性研究报告、初步设计。

城市轨道交通建设项目相对其他建设项目，投资规模大，工程造价高，一般动辄就要几十亿甚至上百亿，并且建设和回报周期长，直接经济效益低，主要依靠政府资金来进行投资建设。本导则所称城市轨道交通建设项目属于政府投资项目，根据城市轨道交通项目建设均需遵循统一规划的特点，城市轨道交通建设项目以建设规划代替建议书，项目所属城市轨道交通建设规划的立项过程也即项目的立项过程，因此前期决策阶段需要审批项目所建设规划和可行性研究报告、初步设计。

1. 立项过程的回顾与评价

城市轨道交通建设项目的立项过程即其所属的城轨交通建设规划的立项过程，对项目立项过程的回顾与评价也即对其城轨交通建设规划立项过程的回顾与评价。

若项目有建议书、预可研工作的，也需纳入此阶段的评价中。

项目立项过程应符合其所处时代背景下实行的法律法规、管理规定、制度和办法等相关文件的要求。

2. 可研报告、初步设计文件的编制、评估与批复过程的回顾与评价

城市轨道交通可行性研究报告主要是对项目进行全面的技术经济分析，综合论证该项目方案与建设规划的一致性、项目方案的可行性。

（1）可行性研究报告的编制。包括项目可行性研究编制单位的资质审查，可行性研究委托方式的合规性；可行性研究在开展时间、研究内容和深度上与国家和行业相关规定的

相符性，与项目建设要求的相符性；项目目的和目标的合理性；项目方案的择优性；项目效果和效益实现的可能性。

（2）可行性研究报告的评估。包括评估单位的资质审查，评估委托方式的合理性，对项目可行性研究报告主要内容的评估意见和主要结论，项目评估是否起到了为项目决策提供依据的重要作用等。

（3）可行性研究报告的批复。包括可行性研究报告的批复程序和批复依据、对可行性研究报告主要内容的审批意见等。

初步设计文件应报送政府主管部门审查，审批意见作为下阶段设计工作的依据。专项和重大设计方案应通过专家审查或报送政府主管部门审查。

（1）项目初步设计文件的编制。主要内容包括项目建设条件、建设标准、建设内容、工程规划设计、施工组织、工程实施与管理、投资概算；设计单位的资质等。

（2）项目初步设计的审查。包括对项目初步设计主要内容的审查意见和主要结论，审查单位的选择方式，审查单位的资质等。

（3）项目初步设计的批复。包括承办单位及批复文件，对建设内容、建设规模、总概算、工期等内容的审批意见。

2.4 项目实施准备阶段

项目实施准备阶段是指项目可行性研究报告获得批复到项目开工前这段时间，项目实施准备工作的落实情况对项目建设的工期、质量、投资等目标的实现有着重要影响，对项目实施准备工作的评价主要侧重于准备工作的深度、及时性、有效性等。

2.4.1 项目实施准备阶段回顾和评价的主要内容。

1. 项目招投标

城市轨道交通项目可参考铁道工程、市政工程等相关的法律法规中规定的招投标程序，按照项目的决策文件和设计文件，对招投标工作的组织方式、招标形式、范围、手续、效果以及合规性和合法性，竞争力度等进行重点回顾、分析与评价，主要评价参建单位的选定程序是否严谨，是否符合招投标法和相关规定，选择参建单位的工作有无改进之处，如何使得选择参建单位更具科学性，是否有更加科学、经济、合理的招标方法，主管部门对招投标进行的全过程监督执行情况，招投标效果是否达到预期目标等。

2. 项目勘察

3. 工程设计

根据《城市轨道交通建设项目管理规范》（GB 50722—2011），城市轨道交通工程设计应依序做好总体设计、初步设计和施工图设计各阶段工作。对工程复杂的项目，可先做试验段工程。试验段工程应在总体设计指导下进行。

一般来讲，总体设计阶段的设计工作由设计总体单位独自或以设计总体单位为主体来进行，编制完成《总体设计文件》。

施工图设计文件需由建设管理单位委托具有施工图审查资质的单位进行审查。

工程设计阶段主要评价设计单位的工作效率，是否按照合同规定的时间完成，是否能够满足工程建设的需要；设计的质量是否符合要求，设计的依据、标准、规范等是否符合国家和行业相关规定，是否满足建设单位和施工单位实际需要等；设计方案在技术上的可行性，在经济上的合理性，包括总体技术水平、主要的技术经济指标的先进性和实用性等。

4. 项目资金筹措

资金筹措情况的评价重点在于资金的构成是否合理，资本金所占比率的合规性，资本金和其他建设资金的来源是否正当，资金的总体落实情况如何，是否能够满足工程建设需要等。

5. 项目开工准备

项目组织建设的评价包括项目组织管理机构批复和建立情况，项目建设管理相关规章制度的制定情况等。

征地拆迁的评价包括征地拆迁工作是否按计划完成，是否适应项目开工建设的需要，土地征用情况是否符合国家有关规定，是否存在多征少用、征而不用的情况，拆迁补偿是否符合国家和地方的政策规定和补偿标准等。

施工现场与技术准备的评价包括施工组织设计、施工图纸交付是否满足工程施工的要求，施工现场的“五通一平”工作是否能够满足连续施工的要求等。

开工报批手续包括环评批复、土地规划许可及土地许可手续、消防、卫生、安全等相关许可手续。

2.5 建设实施阶段评价

2.5.1 项目建设实施阶段回顾和评价的主要内容

1. 项目组织管理

城市轨道交通建设项目管理实行法人责任制，对建设项目全过程负责。项目组织管理评价的重点在于：项目管理组织架构、岗位职责、管理制度、工作流程等是否满足城市轨道交通建设项目启动、勘测设计、土建施工、设备安装调试、验收等全过程的组织管理需要，是否满足建设项日质量、安全、进度、投资等有效控制的总体要求。

2. 合同管理

合同管理评价的重点在于：合同的签订是否符合法律规定的程序；合同的执行是否实施了合同管理，是否为项目的实施提供的必要的保障；合同发生变更的主要原因及报批手续，分析变更所引起的资金变化及对项目建设实施、效益效果的影响；合同执行过程中是否发生纠纷或争议，分析其产生原因和解决机制的实施效果。

3. 投资控制

投资管理评价的重点在于：资金的供应是否保障了工程的进度；资金的管理是否在实现项目运营功能及技术标准的前提下，合理反映了项目真实的投资需求；是否挖掘了项目投资节约潜力，实现了合理的功能性价比，提高了经济效益。

4. 质量控制

5. 进度控制

6. 施工监理

城市轨道交通工程施工监理实行总监理工程师负责制。施工监理的评价重点在于：监理单位是否在履行监理合同的义务期间，公正、独立、自主地开展建立工作，是否在合同约定范围内为建设管理单位提供技术、经济、法律等方面的咨询意见，是否全面维护建设管理单位委托项目各方的合法权益；是否对工程的施工质量、进度、造价进行控制，对合同、信息进行管理，对安全生产管理进行监督，是否协调工程建设相关各方的关系。

7. 工程安全控制

8. 工程变更

9. 建设风险控制

10. 档案管理

11. 系统联调和试运行

系统联调可包括与综合监控系统相关的系统联调、与火灾报警系统相关的系统联调和与列车有关的系统联调。

政府主管部门应在试运行结束后组织评估，确认具备基本运营条件，方可进行试运营。

12. 验收及移交

城市轨道交通工程质量验收包括单位（子单位）工程、分部（子分部）工程、分项工程和检验批验收。分项工程的验收由监理单位组织进行；分部工程的验收由监理单位组织和主持，建设管理单位、设计单位、勘察单位、施工单位等参加；单位（子单位）工程验收由建设管理单位组织和主持，政府工程质量监督部门、城市建设档案管理部门、建设管理单位（建设、运营管理部门）、施工单位、监理单位、设计单位、勘察单位等部门参加。

工程项目的移交工作由建设管理单位负责组织，运营单位及相关单位共同参与。

专项验收包括规划、消防、环境保护、卫生防疫、安全、档案等，由建设单位提出，由政府各主管部门组织专项验收。

竣工验收由政府相关主管部门成立的竣工验收委员会主持，建设管理单位根据竣工验收委员会的要求，编制验收资料、组织验收会议等工作。运营单位编制试运营工作报告。

验收和移交管理评价的重点在于：相关程序的合规性和完整性；资料的完备性；收尾工作和遗留问题的处理情况，是否对项目的运营和效益有重大影响。

3 效 果 评 价

3.3 技术评价

城市轨道交通建设项目具有极强的社会属性，直接体现在建设项目技术状况的各个方面。各项技术措施能否在运营阶段发挥良好的功能作用成为社会各界普遍关心的问题，运营功能是轨道交通建设效果最为客观的反映，而运营功能的发挥又以技术目标的实现作为前提条件。因此，技术评价应从技术目标评价和运营功能评价两个方面展开。

3.3.1 技术目标评价

城市轨道交通建设项目属于国家管控的重大基础设施建设项目，从前期规划（立项）直至设计、建设、运营的一系列实施过程均有严格的审批程序。按照我国城市轨道交通建设程序，轨道交通建设规划由国务院审批（或备案），建设项目可行性研究由省级发展改革委按照国家批准的建设规划审核、批复并抄送国家发展改革委；作为前期决策成果的“建设项目可行性研究报告”对于轨道交通建设实施过程中的技术目标具有较强的约束效力，技术目标评价应对照“建设项目可行性研究报告”展开。技术目标评价是一项前后对比的主观评价，分析变化原因需对比总体设计、初步设计、施工设计、工程建设等各阶段。本条所列具体规划目标参考国家发展改革委发布的“城市轨道交通工程项目可行性研究报告编制评估大纲”中的重点内容进行选择。技术目标评价参见表3－1。

表3－1 技术目标评价表

评价内容		技术目标	实现程度	变化的主要原因	变化的功能影响
客流量目标	全日客运量				
	高峰小时单向最大断面客流量				
	平均运距				
	……				
服务水平目标	运输能力				
	旅行速度				
	发车间隔				
	……				
总图方案目标	车辆配置				
	线路方案				
	车站分布				
	……				

续表 3-1

评价内容		技术目标	实现程度	变化的 主要原因	变化的 功能影响
土建工程目标	车站建筑				
	结构工程				
	轨道工程				
	……				
设备系统目标	设施配置				
	国产化率				
	效能均衡性				
	……				
交通衔接目标	设施配置				
	设施规模				
	用地落实				
	……				

3.3.2 运营功能评价

运营功能评价是一项有无对比的客观评价，是对技术目标评价的深化，既能对前期决策阶段所确定的技术目标进行反馈，又能弥补框架性的技术目标尚未涵盖的内容，达到全面评价的目的。按照乘客由进入至离开轨道交通系统所处的位置，将运营功能划分为衔接功能、集散功能、候车功能、换乘功能、运输功能、附属功能六个方面；按照轨道交通建设项目的最终使用者，评价角度应包含乘客和运营单位；运营功能评价应从六个方面、两个角度进行全面评价。本条界定了轨道交通建设项目各项功能的评价对象和主要评价内容；针对不同的评价内容，可结合设施特点从辨识性、规范性、完备性、便捷性、顺畅性、冗余性、安全性（必要时可辅以仿真模拟手段）、经济性、匹配性、稳定性（含运行图兑现率、正点率、掉线率、设备故障率、ATP 功能正确率等）、维修简便性、应急功能性、技术先进性、无障碍性等评价指标中加以选择。运营功能评价参见表 3-2。

表 3-2　运营功能评价表

评价内容		评价指标	现状情况	主要经验 与问题	原因简述
衔接功能评价	步行	辨识性 规范性 完备性 便捷性			
	自行车				
	常规公交				
	……				

续表 3－2

<table>
<tr><th colspan="2">评价内容</th><th>评价指标</th><th>现状情况</th><th>主要经验
与问题</th><th>原因简述</th></tr>
<tr><td rowspan="4">集散
功能
评价</td><td>出入口及通道</td><td rowspan="20">顺畅性
冗余性
安全性
经济性
匹配性
稳定性
维修简便性
应急功能性
技术先进性
无障碍性</td><td></td><td></td><td></td></tr>
<tr><td>安全检查</td><td></td><td></td><td></td></tr>
<tr><td>售（检）票</td><td></td><td></td><td></td></tr>
<tr><td>……</td><td></td><td></td><td></td></tr>
<tr><td rowspan="4">候车
功能
评价</td><td>候车设施配置</td><td></td><td></td><td></td></tr>
<tr><td>候车拥挤程度</td><td></td><td></td><td></td></tr>
<tr><td>候车环境</td><td></td><td></td><td></td></tr>
<tr><td>……</td><td></td><td></td><td></td></tr>
<tr><td rowspan="4">换乘
功能
评价</td><td>换乘通道</td><td></td><td></td><td></td></tr>
<tr><td>楼（扶）梯</td><td></td><td></td><td></td></tr>
<tr><td>换乘标识</td><td></td><td></td><td></td></tr>
<tr><td>……</td><td></td><td></td><td></td></tr>
<tr><td rowspan="4">运输
功能
评价</td><td>车辆</td><td></td><td></td><td></td></tr>
<tr><td>土建设施</td><td></td><td></td><td></td></tr>
<tr><td>机电设施</td><td></td><td></td><td></td></tr>
<tr><td>……</td><td></td><td></td><td></td></tr>
<tr><td rowspan="4">附属
功能
评价</td><td>行人过街</td><td></td><td></td><td></td></tr>
<tr><td>信息服务</td><td></td><td></td><td></td></tr>
<tr><td>便民服务</td><td></td><td></td><td></td></tr>
<tr><td>……</td><td></td><td></td><td></td></tr>
</table>

3.3.3 技术评价综述

城市轨道交通建设项目通常都是投资巨大的“百年工程”，一旦建成往往很难改建、扩建，经验和教训的总结应重点选择影响面大、投资比重大、难以改善的问题，同时要结合后评价时点轨道交通技术体系的发展情况提出切实可行的技术改进建议。

3.4 经济评价

城市轨道交通项目体现着准公共产品的特征，外部性显著，因此经济评价应以经济分析为主；而城市轨道交通项目实行收费制度，财务分析有助于全面了解项目的实施和运营效果。综合来讲，城市轨道交通项目的经济评价应以经济分析为主，财务分析为辅。

3.4.1 经济分析。经济分析主要采用有无对比的方法，定量分析为主、定性分析为辅，计算项目的各项经济费用和效益指标，考察项目对国民经济的贡献；在后评价中则主要采用前后对比的方法，对可研、初步设计和运营阶段的相应数据进行对比，从而综合、客观地评价项目是否能够实现可研报告中既定的国民经济效益。

1. 费用分析

考虑到城市轨道交通项目固定资产投资估算的内容较繁杂，为避免造成测算误差、简化计算起见，将固定资产投资影子价格系数确定为1.00，即仅对项目固定资产投资扣除建设期利息后作为经济分析的费用流出之一。

2. 效果分析

节约时间效益主要通过乘客在途时间价值计算，人均时间价值以乘客旅行时间缩短可以创造的价值来考虑（时间价值）；减少疲劳效益主要评价乘坐轨道交通上班的乘客较乘坐公交车的乘客所提高的的劳动生产率，评价时提高劳动生产率应以4%~5.6%为准进行评价；减少交通事故效益主要评价轨道交通与公交相比所产生的交通事故效益，评价时应参照相关的公共交通统计资料，通过有无对比法测算减少事故的效益。

3. 评价指标

城市轨道交通建设项目属收益期长的基础设施建设项目，远期效益较大，效益实现的风险较小，应采用社会折现率为8%，作为经济内部收益率基准值。

表3-3 项目经济盈利指标对比及说明表

项　　目	单位	可行性研究报告	后评价值	变化值或变化率（%）	原因分析及说明
经济内部收益率	%				
经济净现值	万元				
经济费用效益比	%				

3.4.2 财务分析

1. 城市轨道交通项目的社会公益性和公共性决定了财务评价不应单纯追求财务上的盈利性，应主要对其运营成本费用和财务生存能力进行评价。

2. 财务报表的编制中，税金包括增值税、城市建设维护税、教育费附加及地方教育费附加；固定资产折旧及费用摊销按折旧年限直线平均法折旧，固定资产残值率按5%计。

表3-4 项目主要财务数据对比及说明表

项　　目	单位	可行性研究报告	后评价值	变化值或变化率（%）	原因分析
总投资	万元				
总运营成本费用	万元				
税金	万元				
票价收入	万元				
运营收入	万元				
营业外收入	万元				
固定资产折旧及费用摊销	万元				
各项补贴	万元				

3. 直接成本指与行车有关的支出；间接成本指相对稳定的、与客运量大小基本无关

的支出；期间费用主要指项目经营期间的日常营运费用、管理费用和财务费用等相关支出。

4. 财务生存能力分析指标。

表3-5 项目现金流量表

项　　目	单位	可行性研究报告	后评价值	变化值或变化率（%）	原因分析及说明
经营活动净现金流量	万元				
投资活动净现金流量	万元				
筹资活动净现金流量	万元				
净现金流量	万元				
累计盈余资金	万元				

5. 财务盈利能力分析。财务基准收益率应根据城市轨道交通项目的具体特点以及评价时点的具体情况，考虑政府财政状况、国家经济环境等多种因素，取用适当的财务指标。

表3-6 项目财务盈利能力指标对比及说明表

项　　目	单位	可行性研究报告	后评价值	变化值或变化率（%）	原因分析及说明
财务内部收益率	万元				
投资回收期	年				
财务净现值	万元				
总投资收益率	%				
资本金净利润率	%				

6. 项目偿债能力分析。

表3-7 项目偿债能力指标对比及说明表

项　　目	单位	可行性研究报告	后评价值	变化值或变化率（%）	原因分析及说明
流动比率	%				
速动比率	%				
资产负债率	%				
利息备付率	%				
偿债备付率	%				

3.5 运营管理评价

在国家标准《城市轨道交通运营管理规范》（GB/T 30012—2013）中，运营管理为运营单位实施的行车组织、客运组织与服务、设施设备运行与维护、车站与车辆基地管理、土建设施运行与维护、安全管理等工作。在规范中对运营管理分为行车组织、客运组织、车辆及车辆基地管理、设备设施管理、土建设施管理、人员管理、安全管理等七个方面，在《城市轨道交通建设项目后评价导则》中将车辆及车辆基地管理、设备设施管理、土建设施管理合并为设备设施管理。

3.5.1 行车组织管理

1. 列车运行调度评价

（1）岗位工作职责和技能要求的评价：根据行车调度的岗位设置和职责的要求，从控制中心调度岗位设置的合理性，以及技能要求和相关培训考核情况等方面进行评价。

（2）行车组织规程评价：从行车组织调度规章、管理操作流程和组织方案是否完善，以及有关规章流程执行情况等方面进行评价。

（3）行车组织有效性评价：从编制的列车运行图内容和合理性和完整性，以及其与线路设计运能、客流需求和设备技术条件的匹配性等方面进行评价。

（4）行车调度指挥的能力评价：从常规行车调度组织、应急处置一般故障、突发事件的应急指挥协调能力等方面进行评价。

2. 车站行车组织评价

（1）车站行车组织规程评价：从车站行车组织协调的管理规章、信息处理和操作流程是否完善，以及相关岗位的行车组织职责定位是否明确合理等方面进行评价。

（2）行车组织协助评价：从车站协助进行行车设备运转状态的监督、与列车驾驶员执行的联控措施以及其执行情况等方面对行车组织配合工作进行评价。

（3）调度命令执行情况评价：从行车调度员命令调整列车运行、车站行车工作细则的执行和作业控制情况等方面进行评价。

3. 车辆基地行车组织评价

（1）车辆基地管理制度评价：从车辆基地的行车管理规章、操作流程是否完善，相关岗位行车组织职责定位是否明确合理，以及有关规章流程执行情况等方面进行评价。

（2）调车作业规程评价：从车辆基地的调车作业规程是否完善，相关岗位职责定位是否明确合理，以及规章流程执行情况等方面进行评价。

4. 列车驾驶评价

（1）列车驾驶员能力评价：根据列车驾驶员所负责正线、辅助线和车辆基地内列车驾驶作业任务的安全记录，从驾驶员对行车操作、组织规程、安全要点的熟悉程度和技能培训考核情况等方面进行评价。

（2）列车正点率指标：根据驾驶员操作不当引起的2分钟和5分钟以上的晚点以及退出运行等情况进行评价。

3.5.2 客运组织与服务管理

1. 客运组织管理评价

（1）客运组织管理制度评价：从客运组织管理的规章、操作流程是否完善，相关岗位组织职责定位是否明确合理，以及有关规章流程执行情况等方面进行评价。

（2）客运服务设施的评价：从空调、照明、自动售检票、电扶梯、无障碍设施等各类服务设备设施的配置是否合理，功能是否完善、状态是否良好等方面进行评价。

（3）导向标识的评价：从各类导向、指示标志标示设施的配置是否合理，功能是否完善、状态是否良好等方面进行评价。

（4）客运组织措施评价：从客流组织优化、巡查管理控制、乘车秩序维持和突发客流控制措施，以及客运宣传等方面进行评价。

（5）客运安全管理评价：从突发事件的应急处理、易燃易爆和有毒有害危险品控制措施等方面进行评价。

2. 客运组织服务评价

（1）客运组织服务的制度措施评价：从服务质量管理、票务管理、公共卫生管理制度、现场问询服务等客运服务制度，以及提高乘客服务岗位要求和技能等措施方面进行评价。

（2）乘客投诉率指标：计算乘客投诉率（投诉次数/乘客数）指标，与行业标准指标进行对比评价。

（3）乘客投诉有效回复率指标：计算乘客投诉有效回复率（投诉有效回复次数/投诉次数）指标，与行业标准指标进行对比评价。

（4）乘客满意度指标：计算乘客满意度指标，与行业标准指标进行对比评价。

3.5.3 设施设备运行与维护管理

1. 车辆运用和维护管理评价

（1）车辆维护规程的完整性指标：从车辆的运用和维护操作手册、故障诊断手册和处理指南、列车卫生保洁制度是否齐备，以及其执行情况进行评价。

（2）车辆维修档案资料管理指标：从设备台账、设备履历、维修使用记录，以及有关资料管理制度的完整性进行评价。

（3）车辆维修基础资料档案管理指标：从车辆维修与保养手册、易损易耗件目录、部件功能描述技术文件、车辆电器部件接线图、车辆各系统电路图、车辆布线图、车辆部件拆装工艺和流程等基础技术资料的齐备性进行评价。

（4）检修规程的完成率指标：从设备检修规程要求的检修作业完成情况进行评价。

（5）车辆运行质量指标：从车辆设备的故障情况，包括对列车故障引起的 2 分钟和 5 分钟以上的晚点以及退出运行等情况进行评价。

2. 车辆基地管理评价

（1）车辆基地设置评价指标：从车辆基地设置场地布局的是否满足安全、使用、维护检修等方面的需求进行评价。

（2）设备设施配置评价指标：从车辆基地的设备设施配置是否满足安全、使用、维护检修等方面的需求进行评价。

（3）设备使用检修管理制度完整性指标：从车辆基地的设备使用检修管理制度是否齐全，能否满足使用需要，保障设备质量状态进行评价。

3. 设施设备管理评价

（1）操作维护规程的完整性指标：从设备的运行和维护操作手册、故障诊断手册和处理指南等操作检修规程、标准是否齐备，以及其执行情况进行评价。

（2）维修档案资料的完整性指标：从系统设备图纸、技术参数、设备台账、备件清单、设备履历、维修使用记录等档案资料，以及有关资料管理制度的完整性进行评价。

（3）设备检修规程的完成率指标：从设备检修规程要求的检修作业完成情况进行评价。

（4）设备运行质量指标：从系统设备的故障情况，包括设备故障引起的 2 分钟和 5 分钟以上的晚点，以及退出运行、客伤等情况进行评价。

设施设备管理评价的范围为供电系统、通信系统、信号系统、通风空调与采暖系统、消防及给排水系统、火灾自动报警系统、环境与设备监控系统、自动售检票系统、电梯与自动扶梯、屏蔽门（安全门）系统、门禁系统、轨道系统等十一个系统设备，操作维护规程的完整性指标、维修档案资料的完整性指标、设备检修规程的完成率指标评价方法基本一致，设备运行质量指标评价方法，则由于系统设备功能和影响不同而有一定区别，详见下表：

表 3－8　设施设备管理评价

序号	系　　统	设施设备运行质量管理评价指标
1	供电系统	根据设备故障率、设备故障引起的跳闸、列车晚点情况进行评价
2	通信系统	根据设备故障率、设备故障引起的其他控制系统通信中断、列车晚点情况进行评价
3	信号系统	根据设备故障率、设备故障引起的列车晚点情况进行评价
4	通风空调与采暖系统	根据设备故障率、设备故障引起的车站供冷、采暖或通风中断情况进行评价
5	消防及给排水系统	根据设备故障率、设备故障引起的车站供水中断情况进行评价
6	火灾自动报警系统	根据设备故障率、设备故障引起的车站火灾模式误动作或未能启动情况进行评价
7	环境与设备监控系统	根据设备故障率、设备故障引起的车站模式误动作或未能启动情况进行评价
8	自动售检票系统	根据设备故障率（完好率）情况进行评价
9	电梯与自动扶梯	根据设备故障率、设备故障引起的客伤或困人情况进行评价
10	屏蔽门（安全门）系统	根据设备故障率、设备故障引起的列车晚点情况进行评价
11	门禁系统	根据设备故障率（完好率）情况进行评价
12	轨道系统	根据设备故障率、设备故障引起的列车晚点情况进行评价

4. 土建设施管理评价

（1）使用维护规程的完整性指标：从设施的使用和操作手册、维护检修规程、标准是否齐备，以及其执行情况进行评价。

（2）维修档案资料的完整性指标：从土建结构设施图纸、设计说明、监测记录、维修记录等档案资料，以及有关资料管理制度的完整性进行评价。

（3）检修规程的完成率指标：从设备检修规程要求的检修作业完成情况进行评价。

（4）运行质量指标：从设施的故障率和实际状态，以及建筑设施的监测数据和轨道工程的检测数据情况进行评价。

3.5.4 人员管理

1. 列车驾驶员评价

根据培训教程、培训的行车设施设备、行车组织规程等，从列车驾驶基础技能、行车规章以及应急处理操作规程的培训考核，以及其技能掌握情况进行评价。

2. 调度员评价

根据处理运营中各类事件的相关记录，各类调度员接受岗位培训内容以及操作规程，从调度员对应急处理操作程序、调度守则、系统模式调整操作的培训考核，以及其技能掌握情况进行评价。

3. 行车值班员评价

根据行车值班员接受培训的内容，从行车值班员车站行车管理、客运、票务、施工、车站设施设备操作以及应急处置等的培训考核，以及其技能掌握情况进行评价。

4. 车站客运服务人员评价

根据车站客运服务人员接受培训内容。从客运服务、票务处理、紧急求助、车站近及设备操作以及应急处置等的培训考核，以及其技能掌握情况进行评价。

5. 其他人员评价

包括设备维修人员，特种设备作业人员，驾驶列车、操作信号或重要设备及办理行车作业的实习人员，车辆维修人员，供电系统维修人员，通信系统维修人员，信号系统维修人员，自动售检票系统维修人员，门禁系统维修人员，土建轨道设施维修人员，机电系统维修人员，工程车驾驶员。根据人员接受培训内容，从相应的工作流程、设备操作以及应急处置等的培训考核，以及其技能掌握情况进行评价。

3.6 节能效果评价

按照《中华人民共和国节约能源法》（中华人民共和国主席令第 90 号）、《国务院关于加强节能工作的决定》（国发〔2006〕28 号）、《固定资产投资项目节能评估和审查暂行办法》（2010 年 11 月 1 日施行）等文件的要求，根据城市轨道交通建设项目的可行性研究报告等资料以及国家、省市相关节能政策要求，编制节能评估报告。节能效果评价应对照通过审查的项目节能评估报告中所给出的节能效果指标进行评价。

3.6.1 节能技术措施评价

对车辆、运营组织、列车运行控制、线路节能坡设置、供电系统、通风空调系统、自动扶梯、照明系统、给排水及消防、综合监控系统、信号系统、自动售检票系统、建筑结构、车辆段等系统的主要节能措施和主要耗能设备能耗水平的对比分析，以及是否采用国家要求淘汰的高耗能落后机电设备（产品）。具体如下：

1. 车辆

（1）评价车辆是否采用高效动力、传动、再生制动等系统，如选用高效交流电机，采用 VVVF 调速系统，充分利用再生制动（能源）。

（2）评价是否采用轻量化车辆措施，如车体采用整体承载薄壳结构，采用（轻质安全）材料，从而节省牵引动力和二次能耗，达到节能效果。

（3）评价车辆是否采用减少运行阻力措施，如采用流线型车辆外形，提高车辆的空气动力学性能；采用滚动轴承、优质润滑油等，提高传动齿轮精度；选择良好的转向架旁承结构等。

（4）评价车辆辅助系统是否采用节能措施，如采用 LED 灯具等高效光源；车辆空调压缩机按高温、中温、低温三种工况分别匹配电动机，提高实际使用工况的针对性，提高压缩机运行效率等。

2. 运营组织

（1）评价系统方案是否根据客流预测，初近远期采用合理的车辆编组方式。

（2）评价系统方案是否根据客流预测，合理采用大小交路套跑、快慢车混行等方式，以达到节省列车配置、提高满载率、降低单位运营公里牵引电耗。

（3）评价系统方案是否根据不同客运时段要求，合理采用最高速度运营模式和节能运营模式，以节省运行能耗。

3. 线路

（1）线路平面敷设是否优化曲线半径，以减少车辆行驶过程中因曲线阻力而增加电耗。评价线路平面中直线所占比例，评价线路平面中大曲线半径比例。

（2）线路纵断面敷设是否结合地形地貌、工程地质、施工方法、地上及地下构筑物、运营条件等因素，减少大坡度比例，遵循“高站位、低区间”的原则设置节能坡。评价线路纵断面中坡度分段比例，评价线路纵断面中节能坡设置比例。

4. 建筑设施

（1）车站建筑是否以满足轨道交通功能需求为前提，合理确定与车站功能相匹配的空间规模，合理设置地下车站埋深以及高架车站高度，以控制车站照明、空调、通风、电梯及自动扶梯等的能源消耗总量。评价车站主体建筑面积、地下车站埋深、高架车站高度。

（2）地下车站的出入口及高架车站，是否结合自然采光、通风，在考虑建筑造型同时减少太阳的热辐射，降低夏季太阳光对地下空间的过分辐射热带来的内部空气处理负荷增大的负面影响。

（3）车站装修材料是否采用节能环保材料，利用节能门窗、新型墙体材料等，增加自然能源（太阳能）及可再生能源在建筑物的利用。

（4）车站出入口是否采取合理的遮阳遮雨设施，降低阳光对地下空间的过度热辐射带来的内部空气处理负荷增加，同时减少降水对车站内部排水负荷增加。评价车站出入口是否采用遮阳遮雨设施。

5. 信号

（1）评价信号系统是否采取列车运行控制节能措施，在高峰时段，列车运行晚点或追踪时处于起动加速度和巡航速度较高的速度—距离曲线模式运行；在低峰时段，列车采用较低的速度—距离曲线运行。

（2）评价信号系统在控制中是否充分利用节能坡条件，设置可行的 ATO 节能运行模式，同时将列车运行调整功能与节省牵引能耗的 ATO 驾驶模式结合，以达到每一条列车牵引曲线能耗是所确定的运行时分下的最低能耗。

6. 供电和照明

（1）评价供电系统所采用的中压网络、牵引网的电压制式、等级是否满足供电距离长、电能损失小的节能要求。

（2）评价供电系统是否采用合理无功平衡和谐波治理措施，以提高电能质量、减小电能损耗。

（3）评价供电系统设备是否采用低损耗设备，以降低设备空载及负载损耗。

（4）评价供电系统是否经济合理设置车辆制动再生能量再利用装置等能量二次利用措施，以提高能效水平。

（5）评价车站公共区、设备区、区间等场所，应在满足运营的条件下，采取适当的照度标准、功率密度值。

（6）评价车站公共区、设备区、区间等场所，合理采用 LED 等高效节能灯具，以节约电能。

（7）评价在高架、地面车站、出入口等有自然光场所，是否充分利用自然光，或将自然光与人工照明结合运用，以节约电能。

（8）针对车站公共区、设备区、出入口、区间等不同运营特点，对正常照明、应急照明设置相应运行模式，以节约电能。

7. 通风空调

（1）评价车站设备用房布置的合理性，以及与风道的关系，减小通风系统的管路长度、弯头数量和尺寸，阀门处于全开状态，以降低运行能耗。

（2）评价隧道通风系统活塞风井设置的合理性，以降低牵引能耗和拆迁量。

（3）评价隧道通风系统、车站隧道排风系统运行模式及控制模式的合理性，以减少外部热量引入隧道、屏蔽门泄露及冷负荷的散失，并降低列车空调能耗，综合降低运行能耗。

（4）评价大系统组合空调器、回排风机、新风机等控制模式，在保证车站卫生要求的前提下，实现综合节能。

（5）评价通风空调小系统是否按使用时间和室内设计温度合理划分通风空调系统。

（6）评价空调设备能耗水平。

8. 给排水与消防

（1）是否充分利用市政给水管网压力，减少给水系统二次加压所消耗的能源。

（2）评价给排水管网布置，应尽可能减少管网局部水头损失。

（3）是否充分利用太阳能制备热水，节约电能和天然气的消耗。

（4）车辆冲洗、绿化灌浇、道路冲洗等用水优先选用中水、雨水等的再生水源。

9. 电扶梯

（1）评价电梯与自动扶梯的设置，是否根据工程预测客流及沿线车站的发展现状确定，对于处于规划发展区的车站，在运行初期可通过预留安装空间等相关条件，在客流达到或超过远期客流情况下，再行安装。

（2）评价自动扶梯的运行模式，是否结合不同运营时段的客流水平，设置正常速度运行、降速运行或停机，从而达到节能的目的。

10. 屏蔽门

（1）是否设置屏蔽门系统，以降低车站空调能耗，同时保证乘客安全。

（2）评价屏蔽门系统的设置方案，对车站通风空调系统节能的贡献。

（3）评价屏蔽门密封性水平，测量漏风量数据。

11. 监控系统

（1）是否设置监控系统对能源进行管理，通过对电、水等能源进行实时在线的监测，准确获得各耗能系统分类、分时、分地区的实时信息。

（2）通过对各系统能耗进行综合分析，进而对各系统运行方式、运营模式、节能控制策略等提出节能措施建议，并持续改进。

（3）监控设备在非运营时段，能够将部分模块进入休眠状态或关闭电源状态，以实现节能。

节能管理措施评价

1. 建立节能管理机构，配备专门的节能管理人员，设立节能目标，并将目标层层分解。

2. 进行节能目标考核，制定节能奖惩制度和激励制度。

3. 根据《用能单位能源计量器具配备和管理通则》配备能耗检测仪器、仪表。

3.6.2 能源消耗及能效水平评价

1. 项目能效水平评价

城市轨道交通建设项目能效水平与项目所在地环境、线路敷设方式、车辆选型、行车方案、运行速度、车站方案、系统制式、客流等因素密切相关，适合采用类比法进行分析评价。

（1）线路年度综合用电量评价

指线路一年内所消耗的全部电能量，单位为“kW·h”。线路年度综合用电量能较好地反映实际每条线路的电能使用情况，由于各条线路的线路长度、敷设方式、车站数量、行车方案、系统制式、环境因素不同，线路年度综合用电量反映线路总体用电水平。

线路年度综合用电量指标评价，宜与同类气候区域、车辆选型一致、线路敷设形式相近、车站数量相当、车辆编组及行车对数相近、运行速度相近、牵引电压制式一致的线路进行类比。

（2）车站电耗评价

指各车站除牵引用电以外的所有负荷一年内所消耗的电能量，单位为“kW·h/站”。车站电耗能很好地反映通风空调、照明、给排水及消防、监控系统等用电水平，由于高架车站、地下车站的形式对电耗水平影响较大，应在进行总体统计的同时，区分不同车站类型进行分类统计。

车站电耗指标评价，宜与同类气候区域、车辆选型及编组数相同、客流水平相当的线路进行类比。

（3）单位客运周转量牵引电耗评价

指全线一年内所消耗的牵引用电量，与全线一年内所运输客流数与平均运距乘积的比值，单位为“kW·h/人·km”。单位客运周转量牵引电耗，侧重于反映系统的单位旅客运输能耗，能较好地反映轨道交通牵引用电能效水平。单位客运周转量牵引电耗是轨道交通节能后评价的重要考核指标，可根据同类线路相关指标进行对比评价。

单位客运周转量牵引电耗指标评价，宜与同类气候区域、线路敷设形式相近、客流水平相当、运行速度相近、牵引电压制式一致的线路进行类比。

（4）单位运营公里牵引电耗评价

指全线一年内所消耗的牵引用电量，与全线一年内所运行的车辆（指车辆编组中的一辆车）数量和其运行的里程数乘积的比值，单位为“kW·h/（车·km)”。单位运营公里牵引电耗侧重于反映系统的单位车辆运输能耗，能较好地反映轨道交通牵引用电的能效水平。单位运营公里牵引电耗是轨道交通节能后评价的重要考核指标，可根据同类线路相关指标进行对比评价。

单位运营公里牵引电耗指标评价，宜与同类气候区域、车辆选型一致、线路敷设形式相近、客流水平相当、运行速度相近、牵引电压制式一致的线路进行类比。

（5）单位客运周转量综合电耗评价

指全线一年内所消耗的全部电量，与全线一年内所运输客流数和平均运距乘积的比值，单位为“kW·h/（万人·km）”。

2. 项目对所在地能源消费增量及节能目标的影响评价

（1）城市轨道交通作为节能环保的交通形式，本身即具有减少常规交通综合能耗、减少二氧化碳排放量的重要作用。应对城市轨道交通线路开通后，一年内减少常规交通出行所减少的能耗进行评价，单位为“tce/年”；应对城市轨道交通线路开通后，一年内减少常规交通出行所减少的二氧化碳排放量进行评价，单位为“吨/年”。

（2）对项目在评价期的能源消费总量占所在地能源供应总量的水平进行评价，得出项目所在地能源供应是否满足要求，并评价项目能源消费对人均能源消耗水平的影响。

（3）项目对所在地完成节能目标的影响评价

对项目评价期的万元产值能耗进行计算，其中项目总产值 = 运营收入 + 其他收入，年运营收入 = 年客流量 × 平均票价，其他收入包括项目广告等非票务收入。项目万元产值能耗单位为“吨标准煤/万元”。

对项目评价期的工业增加值能耗进行计算，其中工业增加值 = 企业劳动者报酬 + 企业生产税净额 + 企业固定资产折旧 + 企业营业盈余，工业增加值能耗单位为“吨标准煤/万元”。

对项目评价期的万元产值能耗和工业增加值能耗，与本地区所提出的相应指标进行对比评估，得出其是否满足本地区所提出的相关节能目标要求。

根据项目单位 GDP 能耗、单位增加值能耗的计算，评估项目增加值能耗对所在地阶段性 GDP 能耗的影响程度，定量分析项目对所在地单位 GDP 能耗的影响。

3. 主要用能设备节能评估

目前城市轨道交通各耗能系统中，车辆、车站通风空调和照明设备为主要耗能设备，一般约占整个轨道交通能耗的 70% ~90% 。

车辆：①车辆运行能量流程分析；②车辆牵引能耗分析。

通风空调、电扶梯、供电和照明：①耗能设备及其能耗指标评估；②能效水平评估。

4. 其他附属生产设施能耗指标和能效水平评估

（1）耗能设备及其能耗指标评估。

（2）能效水平评估。

3.7 环境影响评价

随着我国城市轨道交通建设项目审批程序的逐步完善，国家对于轨道交通实施过程中环境保护的重视程度正在日益提高，相比其他市政公用设施建设项目的要求也更为严格，按照程序开展环境保护的各项工作并将环保措施落实到位成为良好环境影响效果的重要保障，也是后评价过程中环境影响评价的基础。但是在漫长的轨道交通建设过程中，由于城市的快速发展变化难以避免地引发新的环境问题，有必要在后评价时点对轨道交通的环境影响效果进行全面评价。

3.7.1 环保措施落实评价

按照我国城市轨道交通建设项目审批程序，在轨道交通建设规划报批阶段需要进行规划环评，在建设项目可行性研究报批阶段需要进行项目环评，以上环评结论和对下阶段要求可以作为前期决策阶段环境保护的预期目标。轨道交通建设项目的竣工验收过程中包含了环境保护验收，可参考验收结果进行分析和评价。环保措施落实评价参见下表。

表3-9　环保措施落实评价表

评价内容	措施位置	措施设计	措施落实	措施效果	说明
噪声防治措施					
减振措施					
大气污染治理措施					
污水处理措施					
……					

3.7.2 环境影响效果评价

本条阐述了环境影响效果评价的基本内容，不同城市的轨道交通建设项目可根据具体特点进行调整；评价指标可参考《环境影响评价技术导则城市轨道交通》（HJ453—2008）。环境影响效果评价参见下表。

表3-10　环境影响效果评价表

评价内容		评价指标	现状情况	主要经验与问题	原因简述
自然环境评价	噪声、振动				
	电磁辐射				
	……				
生态环境评价	水土保持				
	水源保护				
	……				
社会环境评价	文物保护				
	风景名胜保护				
	……				
景观环境评价	地域特色				
	景观协调				
	……				

3.8 社会评价

城市轨道交通项目的社会评价应以社会调查、专家访谈等方式为主，采取对比分析法、定性与定量分析结合的评价方法。在城市轨道交通项目中，利益相关者主要指受城市轨道交通项目影响的个人、群体或组织以及为项目提供资金的机构、有关的项目管理和运营公司等利益相关机构，包括乘客、居民、非自愿移民、弱势群体、沿线商铺、区域政府以及作为项目受损者的公交系统等。社会评价中应考虑到每一个利益相关群体。

3.8.1 社会效益评价

城市轨道交通项目的前三种社会效益评价工作主要通过社会调查的方式实现：通过科学设计调查问卷，对城市轨道交通沿线的社区、居民和项目的乘客等各类人群进行问卷调查和随机调研等，以了解各类人群对项目社会效益的直观认知和感受，从而定性评价城市轨道交通项目的社会效益。

4 目标与可持续性评价

4.1 目标评价

城市轨道交通项目目标评价是对项目目标实现程度的评价，以及对项目目标适宜性、项目实施必要性的评估，为之后其他类似项目决策积累经验，并为政策制定、完善提供参考依据。

城市轨道交通项目目标评价的内容主要依据项目目标评价的目的加以确定，即一是分析实际效果和决策目标之间差距产生的原因，二是为后续项目决策目标进一步完善提供参考。

4.1.2 城市轨道交通项目目标实现程度评价是在项目效果评价的基础上，对项目目标的实现情况进行评价，主要包括直接目标评价和影响目标评价。

1. 对照城市轨道交通项目可行性研究、初步设计时的批复要求和实际建成情况，对项目规划功能、建设规模、工程质量、建设标准、技术水平、配套设施等目标的实现程度进行评价。

2. 对照城市轨道交通项目决策目标和实际达到的各项影响指标，对项目社会影响、环境影响目标的实现程度进行评价。

4.2 可持续性评价

可持续评价是对城市轨道交通项目后续运营能力的评估。城市轨道交通项目运营时间较长，后续服务水平、维修养护等问题较多。开展可持续评价，对完善长期管理制度，确保效用长期发挥具有重要意义。

城市轨道交通项目可持续评价内容根据城市轨道交通项目后续运行目标确定。

4.2.1 内部因素是指项目本身固有的对项目可持续发展有影响的因素，即与项目运行密切相关的因素。

1. 技术水平分析主要分析城市轨道交通项目的技术先进性、项目采用的工艺、材料、设备选型等方面的先进性，是否可以持续满足服务功能需求。

2. 财务状况分析主要分析城市轨道交通项目是否可以长期实现自身财务平衡，以及不平衡情况下资金缺口筹措的可行性。需分析随着经济社会发展，预测项目未来的票价收入是否能够满足日常管理、维修养护等支出，并实现预期盈利目标；如果出现资金缺口，是否有可行的资金筹措方案和收支管理方案，确保运营的正常进行。

3. 完备的管理机构是确保项目正常运营的关键条件。组织人员分析主要分析城市轨道交通项目管理机构的人员配备情况和组成情况、人员培训形式是否适当，是否可以满足项目可持续运营的需要。

4. 运营管理分析主要分析城市轨道交通项目运营管理水平对项目可持续发展的影响。需分析是否具有完备的维修养护制度和资金；管理机构及制度是否能确保项目日常安保、养护、保洁等的有序运行；项目运营监督检查制度是否完备，是否进行定期或不定期巡查，并接受社会监督。

4.2.2 外部条件是指项目外部的可能影响项目可持续发展的各种条件。

1. 城市规划分析主要分析城市轨道交通项目运营过程中，城市整体发展规划、交通发展规划以及其他相关专业规划对项目持续运营的影响。需分析是否存在对项目地块及项目周边规划用途的调整；是否存在其他相关专业规划影响项目的持续运营。

2. 政策分析主要分析城市轨道交通项目运营过程中，财政支持政策能否得到持续规范的执行，支持项目实现财务平衡。需分析是否有针对资金缺口的财政补贴政策；是否有税收、行政事业性收费的减免制度。

3. 服务功能分析主要分析城市轨道交通项目是否可以持续为人民群众提供可持续的运营服务。需分析随着经济社会发展，未来是否可以保证运营足够的运量以保障出行需求；城市轨道交通项目定价机制是否完善，确保项目未来票价收入可以保证其持续运营。

4. 资源环境分析主要分析城市轨道交通项目运营过程中，当地的自然资源、生态环境对项目的持续稳定运营的影响。需分析项目所需的各种自然资源供应是否可持续；项目是否可以持续满足当地生态环境管理要求。

5 后评价结论与建议

5.1 后评价结论

5.1.1 评价结果

评定结果要结合技术、经济、管理、政策研究等各行业专家的意见，在过程评价、效果评价、目标评价及可持续性评价的基础上，得出项目综合评价结论。

评价结论的主要内容要涵盖项目前期决策程序和决策结果、实施准备过程、建设实施过程、运营管理效果、技术水平、经济效益、节能效果、环境影响、社会效益、目标和可持续性等方面的内容，并对项目的总体效果做出综合判定。

在对项目的总体效果进行综合判定时，可参用综合指标体系评价法。综合指标体系评价法，是在各专项评价基础上进行综合分析，提出结论性意见，并为决策者提供简明直观判断依据的评价方法。综合指标评价的最终目的是对一个复杂项目进行合理评价，得出一个总体的评价结果。该方法主要包括评价指标的构建、指标权重的确定、单指标评价、综合评价四个步骤。其中：城市轨道交通项目综合评价指标体系可参照下表所示。指标权重的确定可根据项目具体情况再作设定。

表 5－1　城市轨道交通项目后评价指标体系

一级指标	二级指标	三级指标	权重	评分	备注
过程评价	前期决策过程	建设规划的过程评价			
		可行性研究的过程评价			
		其他报批手续的评价			
	实施准备过程	招标评价			
		勘察设计评价			
		资金落实评价			
		开工准备评价			
	建设实施过程	工程建设管理评价			
		合同管理评价			
		投资控制评价			
		进度控制评价			
		质量控制评价			
		资金到位和使用评价			
		工程监理评价			
		竣工验收评价			

续表 5－1

一级指标	二级指标	三级指标	权重	评分	备注
效果评价	技术评价	技术目标评价			
		运营功能评价			
	经济评价	经济分析			
		财务分析			
	运营管理评价	行车组织管理			
		客运组织与服务管理			
		设施设备运行与维护管理			
		人员管理			
		安全管理			
	节能效果评价	节能措施评价			
		能源消耗及能效水平评价			
	环境影响评价	环保措施落实评价			
		环境影响效果评价			
	社会评价	社会效益评价			
		社会影响评价			
		社会互适性评价			
		社会稳定风险评价			
目标评价					
可持续性评价					
总　评					

5.1.2 经验教训是在项目实践中总结分析出来的，重点在于对评价过程中发现的、对项目有重大影响的问题或有益做法进行深层次的原因分析与总结，目的是为今后类似项目的投资决策与管理提供借鉴与参考，对成功做法可以进行推广，对失败教训需要尽量规避。

6 后评价的组织管理与实施

6.2 项目后评价组织管理工作的主要内容

6.2.2 参照发改投资〔2008〕2959号文第七条，结合城市轨道交通项目性质和特点，开展后评价工作主要从以下项目中选择：

（1）地方政府投资为主的城市轨道交通项目；

（2）采用新的建设运营模式、并具有示范意义或对行业影响较大的城市轨道交通项目；

（3）对完善城市轨道交通建设和运营管理长效机制做出有益探索的项目；

（4）社会舆论普遍关注的项目。

6.2.4 选择工程咨询机构并委托后评价任务。

1. 在后评价实施之前明确评价的范围和深度，并在委托合同中具体规定；

2. 在选择承担后评价任务的工程咨询机构时，可根据所评项目的性质、复杂程度、评价要求、工作难度、经费情况以及评价机构的资质、能力和特点等因素来选择工程咨询机构。所委托的工程咨询机构不应承担或参加过同一项目的前期工作和建设实施工作。

6.3 项目单位的实施

城市轨道交通项目后评价工作的实施，以承担后评价任务的工程咨询机构为主，以项目单位的积极配合为辅。

6.3.1 自我总结评价是项目单位处在项目层次上对项目实施进行的总结，是按项目评价要求，收集资料、自我检查、对比分析、提出问题、找出原因、提出建议，达到总结经验教训的目的。

参照发改投资〔2008〕2959号文第七条，结合城市轨道交通项目性质和特点，自我总结评价报告的主要内容包括：

（1）项目概况：项目目标、建设内容、投资估算、前期审批情况、资金来源及到位情况、实施进度、批准概算及执行情况等；

（2）项目实施过程总结：前期准备、建设实施、项目运行等；

（3）项目效果评价：技术水平、经济效益、社会效益、环境效益等；

（4）项目目标与可持续性评价：目标实现程度、与预期目标的差距及产生偏移的原因，可持续能力分析与评价等；

（5）项目建设的主要经验教训和相关建议。

6.4 承担后评价任务的工程咨询机构的主要工作

6.4.1 组建后评价工作组，制订工作大纲。

为保证评价工作的客观公正，项目后评价工作组应由未参与过此项目相关工作的人员组成。项目负责人在接到项目后评价任务后要及时与项目单位联系，了解项目建设和项目运行情况。

项目后评价工作组应根据合同要求，拟定项目工作大纲。工作大纲必须说明评价对象、评价内容、评价方法、评价时间、工作进度、质量要求、经费预算、专家名单、报告格式等。

6.4.2 编制调研方案、组建专家组。

项目调研作为项目后评价的基础工作，是分析问题、总结经验教训和编写项目后评价报告的主要依据，对提高项目后评价报告质量，准确客观评价项目起着至关重要的作用。

1. 调研方案的编制。后评价应根据委托合同的要求，明确项目评价的内容和目的、范围，确定调查目的与所需调查的信息，有针对性的编制调查方案。调研方案包括调研时间、地点、对象、内容、方法、人员构成等。

2. 专家组的知识结构。城市轨道交通项目评价涉及各学科知识、内容较多，一个完备的城市轨道交通项目后评价专家组，应包括政策研究专家、经济学专家、工程技术专家、项目管理专家、统计分析专家、社会学专家等。后评价咨询专家的聘用，要根据所评价项目的特点、后评价要求和专家的专业特长及经验来选择。

6.4.3 开展实地调研

1. 阅读相关文件，收集资料。

（1）除国家和行业有关的规定和政策外，与项目相关的资料包括但不限于以下内容：

①决策依据文件：项目立项决策阶段的主要文件。

②项目实施文件：项目实施阶段的主要文件、报告和相关材料。

③其他资料：项目运行阶段的主要文件材料。

④自我总结评价报告。

（2）获取资料的方式主要有以下几种：

①由项目管理单位或项目执行单位提供项目背景材料、项目本身的各类报告、设计及批准文件。

②通过查阅有关的统计资料，获取有关的项目信息。

③自行收集各种相关配套政策、工程建筑、经济、技术、社会及环境资料，摘取其中对评价有用的相关信息。

④通过函询调查，以书面的方式回复调查内容。

2. 开展调查、了解情况。

（1）对于城市轨道交通项目来说，可以按时间先后顺序，分别对项目筹建、项目建设、项目运行和项目效益等四个方面的情况进行调查。

①项目前期筹建及审批情况调查：包括项目的立项背景、相关配套政策；立项阶段批复文件和批复内容；项目基本概况等。

②项目建设实施情况调查：包括项目法人组建、工程承包、工程建设标准、技术、投资计划完成与资金到位以及项目竣工验收等。

③项目运行情况调查：包括城市轨道交通的运营与监管、工程质量、服务功能实现程度、人民群众满意度情况等。

④项目效益情况调查：包括项目国民经济效益、社会效益及项目环境影响等。

（2）后评价工作组可根据所评项目的属性、后评价工作所要达到的目的，选用一种或几种评价方法。调查方法主要有以下几种：

① 文献调查法：后评价采用资料查阅法时，主要收集与项目相关的各项文件资料，如项目建议书、项目可行性研究报告及评估报告、项目初步设计、施工图设计、环境影响

评估报告、竣工验收报告、相关的批复文件、项目审计报告和财务报表等。

②问卷调查法：问卷一般以表格的形式，在后评价时发送给项目利益相关者填写。问卷应说明调查的目的和对被调查者的要求，问卷填写的方式，问卷中的问题可以采取开放或封闭或半开放、半封闭的形式。开放式问题对答案不提供具体内容，完全让被调查者用自己的语言回答问题。封闭式问题就是调查者先规定问题的几个答案，再让被调查者选定自己认为适当的答案。在实践中往往采用半开放、半封闭式的问题，既便于定量和对比分析，又能获得较多的信息。问卷应根据不同人群拟定不同的格式及问卷的内容，制定不同模板。

③ 专家研讨会法：专家研讨会法就是针对评价过程中发现的重大问题，邀请有关人员共同研讨，揭示问题，分析原因。专题访谈，事前要准备好访谈提纲，明确主题，参会专家要求准备好资料；会中要做好记录，充分反映与会者的意见、观点；会后要及时归纳整理总结编写专题访谈报告，形成综合的评价结论意见。

④ 访谈法：访谈法又称访问调查法，就是调查人员主要通过与被调查者以口头交谈的方式，了解项目信息的方法。按被访问者的人数，访谈法分为个别访谈法和集体访谈法。

⑤ 现场调研法：现场调查时，要根据后评价要求与内容，有针对性的设计现场调查方案，开展现场调查，包括走访上级主管单位、查看及体验项目实际运行情况、听项目单位介绍、与项目单位座谈、与受益居民进行入户访谈、查阅档案资料等。

3. 分析资料、形成结论。

（1）项目评价分析的基本思路：通过阅读文件、现场调查，对照项目原定的目标和指标，找出项目实施运行过程中的变化、问题及其影响；通过对变化和问题的分析，找出内部和外部的原因；通过原因的分析，提出对策建议；通过全面总结，提出可供借鉴的经验教训。

（2）通过分析需要对以下问题得出结论：项目的总体效果如何，是否按照预定计划建设或建成，是否实现了预定目标；项目的影响和作用如何，对国家、对社会、对公众各有什么影响和作用；项目的可持续性如何，项目的经验和教训如何等。

6.4.4 撰写后评价报告。

项目后评价报告是调查研究工作最终成果的体现，是项目实施过程阶段性或全过程的经验教训的汇总，同时又是反馈评价信息的主要文件形式。

对后评价报告撰写的基本要求是：

1. 后评价报告的撰写要真实反映情况，客观分析问题，认真总结经验。报告的文字要求准确、清晰、简练，少用或不用过分专业化的词汇。评价结论要与未来的规划和政策的制定联系起来。为了提高信息反馈速度和反馈效果，让项目的经验教训在更大的范围内起作用，还应编写报告摘要。

2. 后评价报告是反馈经验教训的主要文件形式，为满足信息反馈的需要，报告的编写需要有相对固定的内容格式。后评价报告应包括项目概况、评价内容、主要问题、原因分析、经验教训、结论和建议等内容。

6.5 后评价成果的反馈

后评价成果的反馈是城市轨道交通项目后评价工作发挥作用的关键所在，后评价反馈机制是项目评价体系中的一个决定性环节。

1. 反馈对象：本着对委托方负责的原则，咨询机构的后评价成果主要反馈给项目委托单位。项目委托单位可再酌情反馈给项目决策单位、项目管理单位、项目建设单位、城市轨道交通运营与监管单位等部门。

2. 反馈方式：主要有三种途径，即书面文件、网络、会议，包括项目评价报告、简报、年报，评价报告会、研讨会、纪要等。

3. 后评价成果可应用的范围：城市轨道交通相关配套政策的制定与修订；城市轨道交通规划的编制；新项目的立项、实施等。

4. 项目后评价保障机制：通过项目后评价反馈，要使项目后评价成果能直接影响到新项目的决策和管理之中去，必须建立健全项目后评价保障机制。

（1）建立和健全城市轨道交通项目后评价管理相应的法规、办法，从法律、制度、程序上形成项目后评价管理体系，建立必要的项目后评价管理机构。

（2）建立项目管理的信息库，从项目筛选、立项、实施、完工、评价进行全程管理。

（3）加强后评价工作，发展后评价队伍，不断提高项目评价质量，实现后评价理论和方法与国际接轨。